閔泳完 回顧錄

민영완(閔泳完). 1942년.

閔泳完 回顧錄
때를 따라 도우시는 은혜

열화당 영혼도서관

아버지 회고록을 재출간하면서 개정판 서문

아버지께서 돌아가신 지 벌써 일 년이 되었습니다. 일 년을 지내는 동안, 살아생전보다 그분의 인생에 대해 더 생각하게 되었습니다. 일 주기를 맞으면서, 그분의 인생을 자식들의 아들, 손자들에게 알리고자 이십여년 전에 출판한 회고록을 재출간하기로 하였습니다. 그리고 여기에 은퇴 후의 생활과, 어머니 자신의 신앙생활의 회상을 덧붙여 실었습니다. 그러다 보니, 어머니를 통해 아버지에 대해 더욱 생생한 모습을 보게 됩니다. 그리고 어머니의 그 한 많은 인생과 최종적 위로받음에 대해 더욱 감동을 받게 됩니다.

목사라는 소명의식으로 평생 엄격한 인생을 보내셨지만, 지금 생각하면 아버지의 인생은 매우 낭만적이었습니다. 농촌에서 태어나 신부 얼굴도 모른 채 결혼하고, 평생 농사나 장사를 하면서 살았을 분이 결혼을 통해 새로운 기독교 세계에 눈을 뜨고, 그리고 결연히 머물던 곳을 떠났습니다. 캄캄한 시대, 조선의 농촌 청년 민영완(閔泳完)에게 기독교는 완전히 새로운 세계였고, 아내를 통해 인생의 새 국면이 시작되었습니다. 이것은 결혼을 통한 인생의 전환이라는 멋진 장면입니다.

어머니는, 마산이라는 도회지 근처에서 사셨기 때문에 기독교의 영향을 일찍 받으셨습니다. 어머니의 집안 분위기는 '어린 딸아이'에게 너그러웠던 것 같습니다. 똑똑한 소녀였던 어머니는 이내 마산지역 담당 호주 선교사 맹호은과, 당시 이름 있던 기독교 여성 지도자 최덕지(崔德志)

라는 분에게 깊은 감명을 받았습니다. 특히 최덕지는 시골 소녀에게 동일시의 대상이 되었습니다. '공부해서 저분 같은 훌륭한 여성이 되어야지'라는 단순하고 분명한 꿈을 꾸었습니다. 그러나 어머니는 여자라는 이유로 자신의 꿈을 접어야 했습니다. 그러고는 일찍 결혼해야만 했습니다. 어머니는 남편을 통해 자신의 꿈을 이루어 보고자 결심하였고, 기어이 그 꿈을 이루었습니다. 결국 아버지와 어머니는 예순 해 넘도록 완고한 집안사람들 대부분을 기독교로 이끌었습니다.

해방 후, 아버지께서는 이 나라의 목사로서 '고려파 진리운동'에 참여하신 것 역시 옳은 결단이었습니다. 고려파 진리운동이란, 해방 후에 일어난, 일제강점기 때 많은 교계 지도자들이 굴욕적으로 신사참배에 동참했던 부끄러운 역사에 대한 '소수파'의 회개운동을 말합니다. 아버지는 일본 유학 동안 영국 계열의 경건한 미션스쿨에서 일본적인 깊이의 신학을 배우며 신앙훈련을 받았고, 또 우치무라 간조(內村鑑三) 같은 신학철학 사상에 가까이 접하면서 사유의 깊이를 더했습니다. 또한 서북경남 지역을 사역지로 삼았던 호주 장로교 선교부의 순수한 가르침도 영향이 컸다고 봅니다. 일제강점기 때 순교한 주기철 목사(경남 창원)나, 신사참배 반대운동으로 투옥되어 감옥에서 사형을 기다리다 해방과 함께 출옥하여 회개운동을 이끌고 나중에 고려신학교 설립을 주도했던 주남선 목사(경남 거창), 한상동 목사(경남 김해) 등 이른바 '출옥 성도들'이나, 육이오 때 공산당에 의해 순교당한 손양원 목사(경남 함안) 등이 대개 경남지역 교회 출신이었던 것을 보면, 호주 장로교 선교사들의 영향을 알 수 있습니다. 이 역사적 운동은 지금까지도 해결되지 않고 있는 친일파에 대한 해방 전후 기독교 역사 논쟁의 한 부분입니다.

또한 아버지께서 평소 양반, 선비, 지조(志操) 등의 단어를 유별나게 자주 사용하셨던 바와 같이 집안 배경이 독특하였습니다. 우리 집안은 고려조 말에 이성계에게 협력하지 않아 귀양을 갔던 고려 충신 민안부의 후손들로서, 조선왕조 오백년 동안 타협하지 않는다는 자부심으로 지탱해 온 집안이었습니다. 그래서 아버지는 기독교인이지만 유교적 전통에 따라 바르게 처신하고자 노력하셨습니다. 양반민씨, 선비목사라는 별명이 있었던 것은 그런 태도 때문이었다고 봅니다. 아버지에게서 성리학과 장로교의 멋진 결합을 봅니다.

기독교 개혁운동에 참여하게 된 정신은 또한 아버지의 목회가 주로 개척교회였다는 사실과 자연히 연결됩니다. 개종과 일본 유학이 모두 개척정신에 기인하였고, 그래서 평생 목회도 교회 개척과 새 교인 전도와 양육이 중심이었습니다. 특히 어린이, 청소년의 신앙교육에 큰 열의를 보이셨습니다. 교단의 총무실을 창설한 것, 수도권에 고려신학교를 옮기려고 노력한 것 모두 개척정신에서 비롯된 것입니다. 목회에서는 교회의 대형화보다 모든 교인의 이름을 외울 수 있는 한도의 소박한 목회를 추구하셨습니다. 설교를 열심히 준비하셨고, 생로병사라는 인생사에서 늘 교인들 옆을 지키고자 하셨습니다. 그리고 교회 개척으로 고생하는 후배 목사들을 힘닿는 대로 도와주고자 하셨습니다.

지금도 어릴 적 아버지의 모습이 제 뇌리에 깊이 박혀 있습니다. 김해읍에 살 때, 짙은 색 정장에 하얀 와이셔츠와 넥타이, 중절모와 가슴에 반짝이던 파카 만년필과 성경 찬송가가 든 가죽가방, 그리고 주변 교회 순회를 떠나시던 모습. 인간적으로 온화하시고 처신에 지혜로우셨습니다. 우리 자녀들을 묵묵히, 그러나 자상하게 사랑해 주셨습니다. 새 학기가 되면 새 교과서를 두꺼운 종이로 싸 주시고, 저녁이면 공부하는 우리 옆에서 연필을 깎아 주시던 모습, 우리 학교 등교시간까지 예배당에서 기도

하시던 모습, 그리고 어머니와 나란히 심방 떠나시던 모습이 떠오릅니다.

그 어른의 생전에는 미처 몰랐으나, 어머니의 회상을 듣고 아버지 인생의 여러 사연을 알게 되었습니다. 새삼 감회를 느끼며, 그 시대 이 땅의 젊은이들의 꿈과 노력을 새롭게 돌이켜 보게 합니다. 우리 부모님들은 변방 지역에서 자신들에게 주어진 세상을 열심히 살며 개척하셨습니다. 오늘날 한국 교회의 부흥은 이런 초기에 새로이 눈을 뜬 기독교인들이 최전선에서 씨를 뿌린 덕분이 아닐까 합니다.

이 책의 재출판을 위해 아버지의 회고록 원고를 꼼꼼히 워드로 옮긴 아우 현식이의 수고와, 어머니의 말씀을 듣고 이 회고록 미완의 부분을 정리한 우리 며느리 진아의 수고를 여기 밝혀 둡니다. 그리고 이 책을 기꺼이, 더 아름다운 모습으로 재출판해 주시기로 한 열화당 이기웅 사장님을 비롯해, 편집을 맡아주신 백태남 위원님, 이수정 팀장님, 이민영 씨에게 감사 드립니다.

한 가지 첨언하여 둘 것은, 회고록 본문에 한자가 많이 병기되어 있는데, 이는 아버지께서 쓰신 원고의 느낌을 가능한 한 그대로 살리기 위함입니다. 또한 지금은 바뀐 지명, 기관명, 인물의 직책 등을 글이 씌어진 당시의 것으로 그대로 두었습니다.

모쪼록 이 책이 널리 읽혀, 한 시대의 사연과, 그것이 지금 우리에게 미친 영향과, 이 모두를 주관하시는 하나님의 섭리를 깨닫게 되기를 기도합니다.

2010년 6월
아들 성길

머리말 초판서문

세월이 빨라 벌써 고희(古稀)가 되었다. 나는 인생의 폭(幅)이 좁고 다양하지 못해, 남이 볼 때 어떤 평가를 할지 모르겠다. 사람이란 죽은 후에 남는 이야기가 진정한 이야기일진대, 내 손으로 나의 인생에 대해 말한다는 것은 어쩐지 이상한 일이 아닐 수 없다. 그러나 보잘것없고, 교육도 잘 받지도 못했고, 뛰어나지도 않았던, 한 시골 소년이 늦게나마 예수를 믿고 은혜로 받은 소신(所信)대로 절조(節操)를 지키며 살아오려고 노력한 일은 당연하다면 당연하고, 평범하다고 하면 평범한 일이겠으나, 나로서는 놀라움과 소망(所望)과 안타까움과, 그리고 기쁨으로 점철(點綴)된 파란(波瀾)의 한평생이었으므로, 이 이야기를 함으로써 때를 따라 도우시는 하나님의 은혜를 증거(證據)할 수 있다면, 그 또한 뜻있는 일이라 아니 할 수 없다. 그래서 감히 붓을 들었다.

내가 예수를 믿게 된 것은 일제(日帝) 말엽의 기독교 수난시절(受難時節)이었고, 목회(牧會)를 시작할 때는 해방 후 한국 교회가 혼란했을 때였다. 그리고 내가 속하고 활동한 교단이 고려파(高麗派)였고, 또 목회가 거의 개척교회(開拓敎會) 목회였다. 그래서 고생도 많았고, 오해도 많이 받았고, 외로움도 많았고, 안타까움도 많았다. 그러나 나는 한번 들어선 이 길을 벗어나지 않고 오직 한 길만을 걸어왔다.

내가 일생 동안 특별히 내세우며 자랑할 만한 큰 업적을 이루었다고 하기는 어려우나, 단지 증거하고 싶은 것은 하나님께서 우리 믿는 사람을 때를 따라 도와주심으로써 결국 그 자신의 일을 하신다는 사실이다. 우리는 하나님의 도구(道具)로서 봉사할 뿐이며, 그 안에서 기쁨을 누리는 것이다. 돌이켜 보면 나같이 못난 사람도 하나님께서 불러 주서서, 지금까지 사십오 년간 때를 따라 도우시며, 나로 하여금 당신의 뜻을 이루게 하시었다. 하나님께서는 바울 같은 교양(敎養)을 갖춘 사람도 필요로 하나, 베드로 같은 어부(漁夫)도 귀히 쓰시는 것이다. 그러므로, 이 모든 일은 내 힘으로 한 것이 아니요, 하나님의 은혜로 말미암은 것이라 믿는다. 하나님께서 부족한 나를 택하여 공부시키시고 옥고(獄苦)로 단련시키셨고, 귀히 써 주서서, 한평생 주를 위해 일하게 하시고, 중도에 그만두게 하지 않으시고 끝까지 도우셔서 이제 정년퇴직(停年退職)하게 되었다. 하나님께서 마른 나무에 싹이 나게 하신 줄 알고 감사한 것뿐이다.

이제 이러한 나의 지난 일생을 글로 씀으로써 내 평생 동안 베풀어 주신 하나님의 은혜를 증거하고자 하니, 읽는 사람에게 좋은 전감(前鑑)이 되기를 바란다.

끝으로 이 책을 출판하는 데 수고해 주신 여러분에게 감사 드린다.

1988년 12월 서강일우(西江一隅)에서
민영완

차례

아버지 회고록을 재출간하면서 개정판 서문 · 7
머리말 초판 서문 · 11

어린 시절 15 | 결혼 23 | 평신도 시절 34 |
일본 유학 49 | 신학교 생활 61 | 함양경찰서 유치장 69 |
졸업과 귀향 78 | 경남지역의 진리운동 84 |
목회의 시작 101 | 김해교회, 그리고 고려파 진리운동 116 |
김해중앙교회 개척 128 | 신마산교회 신축 143 |
서울 서문교회 시절 156 | 강서교회 개척 171 |
교단활동 183 | 기독교 역사를 찾아서 200 |
맺는말 목회 신념과 앞으로 하고 싶은 일 214

나의 남편이 다 하지 못한 말들 · 225
민영완 목사 연보 · 263

어린 시절

나의 고향

나의 고향은 서부경남 지리산(智異山) 기슭, 산골 벽촌인 경남 산청군 생초면 대포리(慶南 山淸郡 生草面 大浦里)로서, 그곳에서 부르는 이름은 '한개'이다. 한개란 '큰 갯마을'이라는 뜻으로, 한문으로 대포(大浦)인 것이다.

한개는 태백산맥(太白山脈)이 속리산, 덕유산, 그리고 마지막으로 지리산을 이루고 난 후, 그 기슭의 크고 작은 산줄기가 서쪽, 북쪽, 동쪽을 마치 성곽같이 둘러싸고 있는 아늑한 동네이다. 지리산 깊은 계곡에서 발원한 하나의 강물이 동네 뒷산을 싸고 흘러 남쪽으로 빠져나가니, 이것이 경호강(鏡湖江)인데, 바로 낙동강(洛東江)의 서북 상류로서 진주(晉州)에 이르러 남강(南江)이라 부르는 강이다. 이 강은 옛날부터 은어가 유명한 곳이다. 내가 어릴 때 그 반짝이는 수박 냄새 나는 은어를 잡으며 강에서 놀던 추억을 잊을 수 없다.

지금 한개를 가자면 진주에서 산청을 지나 함양(咸陽)을 가는 국도 중간에 내려 경호강을 건너 작은 산언덕을 넘거나 돌아 들어가야 한다. 지

나의 고향 한개의 풍경.
경남 산청군 생초면 대포리가 나의 고향으로, 그곳에서는 한개라고 불린다.
지리산 산자락으로 둘러싸이고 앞으로 경호강이 흐르는,
자연풍경이 아름다운 마을이다.

금은 새마을사업으로 작은 다리가 놓여 있으나 전에는 나룻배로 건너다 녔다. 주위의 경치는 물이 맑고 절벽이 아름다워 마치 한 폭의 그림 같은 절경이다.

집안의 유래(由來)와 가정환경

산골인데도 한개, 즉 큰 갯마을이라는 어촌의 이름이 붙은 유래는 먼 옛 날로부터 시작된다.

우리 집안의 선조는 본관(本貫)이 여흥(驪興, 현재 경기도 驪州) 민(閔) 씨인 농은 민안부(農隱 閔安富)이다.(이 이름 때문에 한개 민씨 후손은 '안부'라는 말을 쓰지 않는다) 고려 말엽 예의판서(禮儀判書)를 지내신 분으로 조선왕조(朝鮮王朝)의 이성계(李成桂)의 혁명으로 두문동(杜門洞)에 들어갔던 칠십이현(七十二賢) 중의 한 분이시었다. 시를 읊어 자신의 뜻을 밝혀 말씀하시기를, 어디든지 행방을 감추어 숨어 농사를 짓고 살겠다는 것이 곧 나의 뜻이라(出不朝峴言之祿) 하시고 거기서 나와서 포은 정몽주(圃隱 鄭夢周) 선생과 또 다른 여러 선비들과 함께 만월대(滿月臺)에 올라가 한시를 읊으시고, 혁명정부의 종(從)이 되고 싶지 않다 하시며 이성계가 도와 달라는 요청을 거절하시었다.

이 때문에 드디어 남해도(南海島)로 유배(流配)를 당하게 되었다. 남쪽으로 가던 중, 지리산 기슭 산청 고을 한 곳에 이르러 그곳 산수(山水)가 아름답고 인가가 없고 환경이 조용한지라, 그곳을 이름하여 한개〔大浦〕로 하고 상부에 보고하게 하고 머물러 살기로 하시었다. 그리하여 농부(農夫)가 되어 가난하게 살았다. 매월 초하룻날이면 뒷동산에 올라가서 멀리 옛 서울 개성(開城), 즉 송도(松都)를 바라보시니, 그때부터 사람들이 그 뒷동산을 가리켜 망경대(望京臺)라 불러 왔다. 또 시를 지어 품으신 뜻을 다음과 같이 읊으셨다.

　불의(不義)한 부귀영화(富貴榮華) 내게는 구름 같네
　돌밭에도 봄 돌아와 어질게 다스리니
　아침 해 저물기까지 김매기 바쁘다

농은 선생의 아드님이신 운천 민수(雲川 閔綏) 선생도 한결같이 선대의 교훈인 절조(節操)를 굳게 지키시고, 이태조가 여러 번 동복현 현감(同福縣 縣監) 벼슬을 제수(除授)하려고 불렀으나 사양하시고 시를 읊어 맹서(盟誓)의 뜻을 말씀하시되,

　고려왕(高麗王) 섬긴 지도 여러 해라
　대부벼슬 한 집에서 무슨 벼슬 또 찾으랴
　부자(父子)가 다 같이 같은 임금 신하인지라
　마침내 이 땅에 머물러 합당하니
　가난 피해 떠날손가

　두문동(杜門洞)이 어디런가
　망경대(望京臺) 올라가서 옛 서울 바라보네
　낚싯대 메고 나가 물 따라 고기 낚고
　따비 들고 달빛 아래 돌아오니
　쓸쓸한 집 사립문 열렸건만 사람 없어 외로워라

　늦게야 농부 되니 내 어찌 관복을 입으리
　소나무를 만지면서 옛 서울이 그립구나
　씨앗을 뿌리면서 새봄은 해마다 오건마는

한번 가신 님 어이 다시 안 오는가
아니 울지 못하겠네

　이와 같이 우리 선조들은 귀양살이 온 죄인들인지라, 그 이후 자손들은 조선왕조 오백년 동안 출입하지 못하고(서울에 가서 과거도 보지 못하고) 숨어 살다시피 하였다. 그러나 아침저녁으로 글을 읽고 근검효제(勤儉孝悌)와 충신(忠臣)의 도리(道理)만을 부지런히 실천하며 살아왔다. 조상 농은 선생의 탁월하신 절조와 의리와 선대 유훈(遺訓)인 그 깨끗한 기개(氣槪)를 지킨 운천 선생을 추념하여 살아왔던 것이다. 또한 선조들의 선(善)하게 이어오신 바를 늘 생각하며 몸을 닦고, 행동을 연마하여 화목(和睦)과 우의(友誼)를 두터이 하고, 조선(祖先)의 마음을 내 마음으로 이어받아 종족(宗族)을 보살피며, 가풍(家風)을 아름답게 유지하는 것과 효제충신(孝悌忠信)의 도리를 실행하며 살아왔다. 마치 뿌리를 깊이 박아 가지가 무성한 나무와 같이, 또 근원(根源)이 좋아서 마르지 않고 흐르는 강물과도 같이 흥하기를 바라면서, 산청 땅을 벗어나지 않고 살아왔다. 조선왕조 오백년 동안 자손이 번성하여 한개에만도 백 호가량 살았으며, 또 그 땅도 좁아 이웃 동네, 인근 마을로 퍼져 나갔는데, 일제에서 해방될 때까지 인근 지역에 천여 세대가 군집(群集)하여 살아왔다.
　근년에 이르러 한개는 많이 달라졌다. 일제에서 해방이 되면서 자손들은 새로운 발전을 기대하며 진주(晋州)를 위시하여, 마산(馬山), 부산(釜山), 그리고 서울 등지로 떠나갔다. 또 육이오 때 피란갔다가 돌아오지 않은 사람도 많았다. 옛날 살던 집들은 돌보는 이 없는 사이에 점차 허물어져 갔다. 내가 나고 성장한 집도 원래 여섯 채나 되는 큰 집이었으나,

한개의 대포서원.
내가 아홉 살 때까지 한학을 배웠던 곳으로, 나의 선조인 농은 민안부를
배향하는 서원이다. 마을엔 이 서원을 비롯하여 농은의 사당 숭의재,
다섯 선조를 기리는 오의정, 산정 등이 보존되어 있다.

육이오사변 이후 돌보거나 수리를 하지 않고 보니, 사랑채만 남아 있고 모두 허물어져 폐허가 되어 버렸다.

그래도 집안사람들의 관심을 얻어 대포서원(大浦書院), 사당(祠堂)인 숭의재(崇義齋), 다섯 선조를 기리는 오의정(五誼亭), 그리고 숙로정(宿鷺亭), 산정(山亭) 등 유적들은 소중히 보존되고 있다.

어린 시절의 가정 분위기

나의 어린 시절의 가정환경은 산골의 벽촌 그것이었다. 전조(前朝) 때는 판서요 충신이었으나, 아조(我朝) 때는 역적(逆賊)의 자손이었기 때문에 이후 집안의 형편은 두메산골 농가(農家)에 불과하였다.

나의 아버지는 채호(采鎬), 어머니는 전(全)음전, 그리고 나는 농은 선생의 이십팔세손으로 1918년 6월 16일(음력 5월 2일)에 태어났다. 집안의 분위기는 대가족으로 엄격한 유가(儒家)의 법도를 지켜 조석(朝夕)으로 부모의 안부를 묻는 혼정신성(昏定晨省)을 하며 효성(孝誠)이 지극한 분위기였고, 가정교육은 엄격하였다.

어릴 때 기억나는 일 몇 가지가 있다. 일곱 살 때 모친상을 당했는데, 그때 유교적 분위기의 엄격한 가정인지라 그 복잡한 장례절차에 따라 상주 노릇하기가 너무 힘이 들었다. 그래서 중간에 어른들 몰래 빠져나가 이웃 동리 학교운동회 구경을 갔다 돌아왔다. 그랬더니 "왜상주(倭喪主)"라면서 큰 꾸지람을 들었다. 즉 왜놈처럼 법도를 지키지 않는 나쁜 짓을 했다는 것이었다. 이런 이야기들 중에서 어른들의 반일감정(反日感情)을 은연중 체득(體得)하고 있었던 것 같다.

학교교육

당시 한개 마을에는 백여 호가 살고 있었다. 그러나 학교가 없어 어릴 때 아홉 살 될 때까지 할아버지로부터, 그리고 서당(書堂), 즉 대포서원에서 한문을 배웠다. 그 후 열 살 때 머리를 깎고 이웃 동리인 금서면(今西面) 특골(特里)에 있는 금서보통학교에 입학하여 신학문을 공부하였다. 공부를 비교적 잘하여 선생님한테 칭찬도 받고 상장이나 상품을 받은 기억이 있다.

또 한 가지 기억나는 일은, 학교 다니는 일이 매우 힘들었다는 것이다. 학교 가기 위해서는 산길, 비탈길을 걸어야 되고, 특히 비가 오거나 눈이 오거나 추울 때는 학교 가기가 너무 고생스러웠다. 그래서 머슴이 업고 학교에 간 적도 많았다. 그래도 학교 가는 것이 좋아 열심히 학교에 다녔다.

또 한 가지는 육학년 때 일이다. 일본역사시간(당시는 일본역사를 國史라고 했다)에 교사가 임진왜란(壬辰倭亂) 때 왜군이 승리하는 이야기만 늘어놔서 나는 어린 마음에도 은근히 부아가 났다. 그래서 손을 번쩍 들고 일본군 장수(將帥)가 진주 남강에서 논개(論介)에게 죽임을 당한 일을 예로 들면서 항의하였다. 그 결과 교무실에 끌려가 하루 종일 꿇어앉아 벌을 섰다. 이 일이 잊혀지지 않는다.

보통학교를 졸업하니 열여섯 살이었다. 상급학교인 중학교에 몹시 가고 싶었다. 그러나 부친이 하시는 말씀이 "세 형들은 상급학교 공부를 시켰지만 너까지는 힘이 드니 차라리 시골에서 농사나 짓고 고생하지 마라. 등 따시고(따뜻하고) 배부르고 편히 잘사는 것이 어떠냐" 하시면서 간곡히 권하시었다. 그래서 진학을 포기하고 집안일, 농사일 등을 돌보며 일 년, 이 년 세월을 보내고 말았다.

결혼

일찍 결혼하다

별달리 하는 일 없이 일 년, 이 년 보내는 것을 보신 부모님은 나를 장가 보내겠다고 생각하셨다. 옛날 풍속으로는 혼인은 인간대사(人間大事)라 하여 부모가 해야 할 가장 큰일 중의 하나이다. 그래서 아직 나이가 어려도 할 수만 있다면 빨리 짝을 지어 주는 것이 옛날 부모들이 하는 일이었다. 그래서 본인들은 원치 않는데도, 부모들이 서둘러서 결정하여 거의 강제적으로 조혼(早婚)을 시켰다.

나의 경우도 마찬가지여서 마침 좋은 혼처(婚處)가 있다 하면서(옛날에는 좋은 혼처라 함은 兩班家門을 의미한다), 나의 의견을 전혀 물어보지도 않으시고 혼인을 진행시켜, 양가(兩家)가 합의하기에 이르렀다. 일이 이렇게 되면 무조건 결혼해야 하는 것이다.

그 상대방은 경남 창원군 진전면 양촌리(慶南 昌原郡 鎭田面 良村里) 변(卞) 씨 가문이었다. 이 양촌 변 씨 가문 역시 고려조 충신의 후예였으므로 우리 집안과는 공통점이 있었다. 신부는 변증이(卞增伊)로서 1935년 6월 14일(음력 4월 29일)에 결혼하였다. 이때 내 나이 십팔 세(만 십칠

세)로 신부와 동갑이었다.

아내와 그 가문

나의 아내는 1918년 10월 18일(음력) 출생으로 본관(本貫)이 초계(草溪)인 변 씨 가문의 규수로, 시조 문열공 정실(文烈公 庭實)의 이십구세손 의섭(義燮) 씨의 맏딸이다.

가문에서 자랑하는 바는 팔세손 빈(贇)이 고려 말엽에 문하평리(門下評理) 벼슬을 하던 중 이성계의 혁명에 대해 상심(傷心) 개탄하시다가 두문동으로 음퇴(蔭退)하신 칠십이현 중 한 사람이 되었고, 결국 이성계에 의해 죽임을 당하였다는 것이다.

후일에 그는 개성 두문서원(杜門書院)과 양전(良田, 현재의 양촌)의 성구사(誠久祠)에 배향(配享)되었다. 그 십팔세손 연수(延壽)께서는 벼슬이 무과의 훈련주부(訓練主簿)이시다. 임진왜란이 일어나자 의병을 이끌고 충무공(忠武公) 장군 막하(幕下)에 들어가 공을 세우시고 전사하시니 이등공신(二等功臣)으로 병조판서(兵曹判書)에 제수되었고, 그 아드님 립(岦)도 아버지를 따라 같은 전장에서 죽으시니 승정원 좌승지(承政院 左承旨)로 추증(追贈)되었다. 그의 부인 안동(安東) 김(金) 씨는 장례 후 물 한 모금 마시지 않고 기어이 부군(夫君)을 따라 죽으시니 열녀(烈女)라, 나라에서 한 가문에 충효열(忠孝烈)의 삼강(三綱)이 났다 하여 삼강려(三綱閭)란 정려(旌閭)를 내리셨다. 지금 양촌에 있다.

이십팔세손 상용(相瑢) 씨는 내 아내의 조부로서 평소 학문을 중히 여기시고 서책(書册)을 가까이 하시며 근검치가(勤儉治家)로 가재(家財)를 쌓아 당대에 천석(千石)의 자수성가(自手成家)를 하시었고, 부모 봉양을 위하여 거연정(居然亭)을 지어 사림(士林)을 청하여 글 짓고 시를 읊게

처가가 있는 양촌리의 거연정 뜰에 선 아내.
나의 아내는 경남 창원군 진전면 양촌리에 집성촌을 이루고 있는 초계 변씨 가문의 규수로,
시조 문열공 정실의 이십구세손 의섭 씨의 맏딸이다. 거연정은 아내의 조부
상용 씨가 부모 봉양을 위하여 1920년대 초 양촌에 지은 건물이다.

하셨고, 자식 팔형제의 교육을 위하여 추모재(追慕齋)를 지어 위선육도(爲先六道)를 다하시었다. 자녀 교육을 위해 구학문은 물론이요 신학문을 위해 일본 유학까지 가도록 힘쓰셨으며, 동네 청소년들을 위해 사립학교(私立學校)까지 세우셨다. 내 아내는 구형제 중 둘째아드님이신 의섭(義燮) 씨의 맏딸이었다.

장인 되는 의섭 씨는 일찍이 구학문을 수학(修學)하였을 뿐 아니라 경성제일고보(京城第一高普)를 졸업하고 양촌에 사립학교를 설립하여 개화운동에 앞장서신 분이었다. 이 학교가 현재 양촌국민학교의 전신이 되었다. 양촌은 마산에서 남쪽으로 진동(鎭東)을 거쳐 진주로 가는 국도변에 있는 조용하고 아름다운 마을이다.

결혼할 당시 처갓집 가족으로는 처증조모(妻曾祖母), 처조부모, 처부모, 처백부모, 여섯 처숙부모, 처남 등 많았다. 아내는 형제간과 사촌들 중 가장 위였다. 내가 장가들었을 때 처가에서는 삼대 만에 첫사위를 맞이했다 해서 처갓집 식구들로부터 많은 사랑과 굄을 받았다. 종종 처갓집에 들르면 대소가(大小家) 수십 명의 식구들이 모여들어 큰 잔치나 하는 것처럼 소란했었다. 옛날 풍속으로 결혼한 지 일 년 후에 신부가 오는 것을 우귀(于歸)라 한다. 그때까지 신랑은 처갓집을 가는데, 나는 그때마다 큰 환영을 받았다.

후의 일이지만 우리 아이들이 외갓집에 갈 때도 삼대 만에 얻은 외손자들이라 하여, 특히 큰아이가 첫 외손자라 하여 사랑을 많이 받았다. 큰아이는 할아버지들 앞에서 창가(唱歌)나 찬송가(讚頌歌)를 불러 귀여움을 받았다.

지금은 처가댁 역시 많은 식구들이 도회지로 따나갔으나 처삼촌 한 분과 처남 등 몇 사람만이 마을을 지키고 살고 있다.

양촌학교에서 열린 국어강습회 기념사진. 1938년 12월 8일.
나의 장인 변의섭 씨는 일찍부터 신학문을 수학하였으며, 고향마을 양촌에
사립학교를 설립하여 개화운동에 앞장서신 분이다. 맨 왼쪽에 서 있는 이가 아내,
맨 오른쪽에 서 있는 이가 처삼촌 변만섭(卞萬燮) 씨.

아내의 시집생활

처가인 양촌도 시골이지만, 내 고향 한개는 더욱 벽촌이었다. 아내가 결혼을 하고 한개 시댁으로 와 보니, 친정 양촌에 비해 너무나 산골이었다. 거기에다가 층층시하(層層侍下)였다. 앞 못 보는 시조모, 시부모 양친과 시숙, 동서, 시누이, 시동생 등 구남매, 생가(生家) 시조부모, 시백부모, 시숙부모, 종시숙 등등 모두 합하여 수십 명의 대소가 식구들뿐만 아니라, 대농가인지라 큰머슴, 작은머슴, 종들을 거느리고 사는 시집살이라, 얼마나 고생이 많았는지 모른다.

그런 데다가 나는 아직 어려 철도 없었거니와 결혼 후에도 사업이다, 일본 유학이다, 전도(傳道)다 하면서 늘 객지에서 살았기 때문에 나의 아내는 남편 없는 시집살이를 십여 년 살았다. 그런 데다가 신앙생활까지 하려고 했으니 이중삼중의 고생을 하였다.

아내의 신앙생활

나중에 안 일이지만, 아내는 결혼 전에 이미 기독교 신앙에 접해 있었다. 아주 어릴 때 이미 친정 근처 창원군 진전면 곡안리에 있던 곡안교회(谷安教會) 주일학교에 다님으로써 신앙이 싹텄다. 처녀시절에는 최덕지(崔德志) 씨의 신앙활동으로 영향을 받았는데, 그의 신앙을 흠모하여 자기 고향 동리에 청하여 전도강연(傳道講演)을 한 바도 있다고 한다. 학습(學習)은 곡안교회에서 세움을 받았는데, 당시 마산에 주재하고 있던 맹호은(Frederick Macrae) 선교사에 의해 받았다. 세례(洗禮)는 당시 마산 문창교회(文昌教會)에서 시무하던 김동선(金東鮮) 목사에게 받았다.

결혼하여 시집에 온 후, 한동안 신앙생활을 하지 못하고 숨기고 지냈다. 그러다가 내가 예수를 믿게 된 후 아내는 다시 교회에 나가기 시작했다. 특히 내가 나중 일본으로 신학공부를 위해 유학을 가 있을 동안 아내가 시집생활을 하면서 신앙생활을 한 것은 눈물겨운 바 있다.

처음에는 핍박(逼迫) 속에 숨어서 교회에 다녔다. 교회는 생초교회(生草敎會)였다. 그 교회를 개척한 분은 생초면 소재지인 늘부장터, 즉 어서리(於西里)에서 대장간 하던 최판구라는 분이었다. 교회가 아직 약하기 때문에 교역자(敎役者)를 청빙하지 못하고 그 대장간 하던 분이 예배를 인도하고 있었다.

그 교회의 유래는 다음과 같다. 최판구라는 분이 한동안 폐병을 앓아 진주 배돈병원에 입원치료를 받았었다. 배돈병원은 당시 호주 선교사업의 하나로 경영하던 서양식 병원으로, 서부경남 지역에서 오랫동안 의료선교로서 활동하여 큰 명성을 얻고 있었다. 그는 입원하고 있을 동안 전도를 받아 병도 낫고 예수도 믿게 되었다. 퇴원 후 이웃 동리, 약 십 리 정도 떨어져 있던 오부교회(梧釜敎會)에 다니다가, 늘부에 자신이 새 교회를 개척하여 집사가 되고 당분간 예배까지 인도하였다. 이러한 상황은 당시 이 지역의 시골 교회의 일반적 상황이었다. 내가 이 교회에 출석할 당시 상황은 이러하였다.

그러나 문제가 생겼다. 교인들이 기도할 때 엎드려 기도하곤 했는데, 이 모습을 보고 사람들은 강단에 있는 대장장이를 보고 절을 하는 것이라 하여 비난과 조롱이 많았다. 대장장이란 예부터 사회로부터 멸시를 받던 신분(身分)이었기 때문이었다. 그래서 아내가 그 교회에 나가는 것에 대해 온 집안에서 반대하였다.

그러나 그러한 핍박 중에서도 아내는 주일(主日)날이 되면 시부모와 집안 어른들 몰래, 심지어 동네 사람들 눈치까지 살피며 집 뒷문으로 살짝 빠져나와 대밭 속을 지나 뒷동산을 넘어, 나룻배로 강을 건너 십 리 길을 걸어서 교회에 갔다. 마침 장날이면 사람들을 피해 큰길로 못 가고 길 아닌 강변 둑길을 따라 교회에 갔다. 그렇게라도 교회에 가기 위해서 주일날 새벽부터 모든 집안일, 즉 대식구 식사, 빨래, 농사일 등을 미리 다 해 놓아, 어른들로부터 꾸중을 듣지 않도록 최선을 다했다. 그러니 얼마나 고생이 많았겠는가. 조금이라도 잘못되어 주(主)께 욕되지 않게, 예수 판다는 말 듣지 않기 위해 애썼다. 예수 믿는 일, 주일에 교회 가는 일 이외에는 무엇이나 책(責)잡히지 않기 위해 있는 힘을 다하여 무슨 일이든 순종(順從)하며 살았다.

그래서 아버님께서는 "예수 믿는 일 외에는 한 가지도 나무랄 데가 없다"고 하시었다. 이런 것을 가리켜 바울이 말한 대로 "주 안에서 순종한다"는 것이라고 생각한다.

이렇게 일 년, 이 년 지나는 가운데 집안 분위기가 점점 달라져 갔다. 미신(迷信), 우상(偶像) 섬기는 일 등등 하나하나 없어져 갔다. 무당(巫堂), 신굿, 손 비비는 것, 객귀(客鬼) 물리치는 것, 정초(正初)에 안댁(安宅)하는 것, 삼시랑판 등등의 미신적 풍속이 차차 없어져 갔다. 그 이유는 이런 일들을 안 해도 별 탈이 없다는 것을 알게 되었기 때문이다. 그래서 우리 집뿐만 아니라 대소가 동리 사람들까지 영향을 받게 되어 그러한 미신행위를 하지 않는 사람이 많아졌다. 그리고 이로 인하여 저절로 전도도 되어 나중에 아내가 교회 갈 때 동네 사람 십여 명이 같이 따라다녔다.

이것만이 아니었다. 내가 일본에서 신학공부 할 때, 이해심이 없던 시아버지에게 부탁하여 매월 학비를 얻어 내어 부쳐 주던 그 어려운 일을 몇 년 동안 계속했다. 그리고 나의 목회(牧會) 사십오 년 동안 주로 개척(開拓)을 하였는데, 그 어려운 목회생활 동안 고생을 참고 견디며 나를 도와주었다. 이것은 신앙이 아니면 인간으로서는 도저히 하기 어려운 일이다. 참으로 고맙게 생각한다. 그리고 그 어려운 생활 가운데서도 자녀 삼남매 병 없이 충실히 잘 키우고, 공부도 다 대학까지 시켰으며, 교회도 잘 섬기도록 했다. 물론 하나님의 은혜로 된 것이지마는, 내 아내가 수고를 많이 한 것, 주님이 아시는 일이다. 현모양처(賢母良妻)가 따로 있는 것이 아니라 바로 이렇게 사는 것이 아닌가 한다.

나는 내 아내에게 많은 사랑과 격려를 받았고, 아이들도 그러한 사랑 속에서 자랐다. 한마디로 일편단심(一片丹心), 삼종지도(三從之道)의 정신으로 남편을 내조(內助)하고 자녀들을 키웠다. 아내는 칭찬과 사랑을 받을 자격이 있다. 다만 하나님께 감사할 뿐이다.

나의 가족

일찍 결혼했으나, 나는 사업이다, 유학이다, 신학공부다 하면서 돌아다녔고, 아내 혼자 시집살이를 하는 바람에, 결혼한 지 근 십 년 동안 아이가 없었다. 그러다가 일본에서 신학공부를 끝내고 귀국하여 경북 안강(安康) 인동교회(仁洞敎會)에 시무(視務)하게 되면서 부부가 시집을 나와 제대로 가정생활이 시작되었다. 그리하여 1944년 1월 1일에 안강에서 친가(親家)는 물론 외가(外家)에서도 그렇게 기다리던 큰아들 성길(聖吉)이 태어났고, 이어서 1946년 10월 21일 안의교회(安義敎會)에서 시무할 때 작은아들 현식(賢植)이 태어났고, 1948년 8월 13일 구포교회(龜浦敎會)에서 시무할 때 딸 성희(聖姬)가 태어났다.

큰아들 성길은 마산 월포국민학교(月浦國民學校)를 나와 마산중학교를 거쳐 서울 대광고등학교(大光高等學校)를 졸업, 1968년 연세대학교 의과대학을 나와 모교 부속 세브란스병원에서 인턴, 레지던트를 거쳐 신경정신과(神經精神科) 전문의 과정을 수료하고 육군 군의관 복무를 마친

막내의 서울 미동국민학교 졸업기념 가족사진. 1960년.
나의 식구는 아내와 큰아들 성길, 작은아들 현식,
그리고 막내인 딸 성희 등 모두 다섯이다.

후, 연세의대 정신과에 전임강사로 들어가 현재 정교수로 있다. 1975년 의학박사 학위를 받았다. 1970년 창원 웅동(熊東)의 양반 가문의 문차정(文且正) 씨와, 사회사업(社會事業) 백양원(白羊院)을 운영하는 정도금(鄭道今) 권사(勸師)의 둘째 딸로서, 연세대학교 음악대학을 나온 경덕(京德) 양과 결혼하여 병현(丙賢), 병철(丙哲) 두 아들을 두고 있다. 현재 강서교회(江西敎會) 장로(長老)이다.

작은아들 현식은 서울 미동국민학교(渼洞國民學校), 청운중학교(淸雲中學校), 서울고등학교를 거쳐 1970년 서울대학교 공과대학 건축공학과를 졸업하고, 해군시설장교(海軍施設將校) 복무를 마치고 일급건축사 자격을 획득하였으며, 김수근(金壽根) 씨의 공간사(空間社)에서 일하다가 현재 원도시건축연구소(原都市建築硏究所)에서 일하고 있다. 1975년 서울대학교 약학대학 학장으로 계셨다가 국립보건원(國立保健院) 원장으로 재직하고 계셨던 한관섭(韓寬燮) 박사의 둘째딸이며 이화여대 사범대학을 졸업한 혜영(惠英) 양과 결혼하여 소연(素姸), 소정(素靜) 두 딸을 두고 있다. 현재 강서교회 장립집사(將立執事)이다.

딸 성희는 서울 미동국민학교, 수도여자중고등학교(首都女子中高等學校)를 거쳐 1970년 서울여대 사회학과를 졸업한 후 사회사업가 자격을 얻어 은혜원(恩惠院) 등에서 일하다가, 1972년 강원도 정선(旌善) 남병협(南炳協) 장로의 큰아들이며 고려대학교 상대를 졸업한 귀현(貴顯) 군과 결혼하여 큰딸 지흔(志欣), 큰아들 호진(昊鎭), 둘째아들 우진(宇鎭), 셋째아들 세진(世鎭)을 두고 있다. 사위는 현재 대우전자 상무이사로 일하고 있으며, 강서교회 장로이다.

모두 건강하며, 사회 일각에서, 그리고 교회에서 맡은 바 직분(職分)을 잘 해내고 있어 하나님께 감사한 마음 그지없다.

평신도 시절

호신상회(互信商會) 운영

결혼하기 전까지 집에서 지내는 동안 사실 하는 일 없이 놀고만 지낸 것은 아니었다. 한때는 그 당시 사회 분위기에 따라 농촌운동(農村運動)의 꿈을 가지고 개량종(改良種) 채소를 재배해 보기도 하고, 임야지(林野地)를 개간하여 과수원을 만들려고 해보기도 하고, 양계(養鷄), 양돈(養豚), 양토(養兎) 등등에 관심을 가지고 상당한 계획도 세워 보기도 하였다.

그러나 평소에 늘 공부 못한 것이 한(恨)이 되었다. 집안 형편 때문에 형님같이 정식 중학교육을 받지 못한 것이 안타까웠다. 점차 나이를 먹어 가고 기회는 점점 멀어져 간다고 생각하니 미칠 것 같았다. 그러나 어쩔 수가 없었다.

결혼을 했으나 아직 우귀(于歸 또는 新行, 신부가 시집으로 오는 것)하기 전이라, 혼자 농촌에서 지내고 있던 중 마침 둘째형님께서 함양읍(咸陽邑)에서 큰 포목상(布木商)을 시작하게 되어 나도 형님 하시는 사업을 돕게 되었다. 논 삼십 두락(斗落)을 팔아 일금 삼천 원을 자본금으로 하여 내가 결혼하던 그해, 즉 1935년 추석을 기해서 개업하였다. 상호(商

號)는 호신상회(互信商會)였다. 안 믿는 말로 운(運)이 좋아서인지 사업이 아주 잘되었다.

그러나 다음 해 음력 설〔舊正〕대목 때, 사업이 굉장히 잘되어 전망이 좋다고 모든 집안 식구들이 모두 기뻐하는 중, 갑자기 형님께서 급성황달병을 앓게 되시었다. 한동안 고생을 하시다가 백약(百藥)이 무효(無效)라, 똑똑하고 영특하고 대소가 많은 형제간 중 가장 유망하다고 칭찬받던 형님이 결국 삼십오 세를 일기로 세상을 떠나고 말았다. 당시 두 살 난 아들이 있었고, 후에 유복자로 딸이 태어났었다. 그 남매는 이후 잘 자라, 지금은 모두 성장하여 어머니 모시고 각기 가정을 이루어 잘 살고 있다. 그러나 형님께서 세상을 떠났을 때는 온 집안사람들이 한결같이 너무 아까운 인재(人才)를 잃었다고 하면서, 우리 집안 운수(運數)도 다 떠나갔다고 안타까워했다. 그러나 벌여 놓은 사업은 어린 내가 맡아 계속할 수밖에 없었다. 그럼에도 불구하고 다행히 사업은 날로 계속 번창하였다. 함양읍에서는 누구보다도 잘되는 점포(店舖)로 소문이 날 지경이었으며, 인근 지방까지 널리 알려지게 되었다. 그러니, 고용인도 몇 사람 있었으나 결국 나 혼자서는 도저히 감당할 수가 없어 일본에서 공부하고 있던 셋째형님을 불러들이기로 했다. 그리하여 형님은 공부를 중단하고 귀국하여 같이 사업을 운영해 나갔다.

나는 당시 진주, 마산, 부산 등지를 다니면서 사업을 벌였는데, 모험적으로 과감하게 물건을 많이 사기만 하면 틀림없이 가격이 많이 올라 큰 이익을 남겼다. 그 당시를 회상해 보면, 나 자신 어엿한 한 사람의 사업가로서 그 활동이 상당했음을 지금도 자부한다. 왜냐하면, 당시 같이 거래하던 사람들 중 몇 사람은 계속 사업을 하여 지금 큰 사업가가 된 사람도 있기 때문이다. 당시 내가 예수 믿어 목사가 되지 않고 그 사업을 계속했

호신상회를 경영하던 때의 내 모습. 1937년.
결혼하던 해인 1935년, 함양읍에 포목상 호신상회(互信商會)를 개업하여,
둘째형님과 함께 경영하였고, 크게 번창하였다.

더라면 나도 지금쯤 큰 사업가가 되지 않았을까 하고 생각해 본다. 아버지께서도 그 후 종종 기회만 있으면 하시는 말씀이 "너는 예수 때문에 망했다", "예수를 믿어도 목사만 안 되었어도 큰돈을 벌었을 것이다", "계속 사업을 했으면 큰 성공(成功)을 했을 텐데" 하고 탄식하시곤 하였다. 나 자신이 생각해도, 그 사업을 버리지 않고 일본 유학을 가지 않고, 지금까지 열심히 뛰었다면 큰 성공을 거두었을지도 모른다.

그러나 나는 조금도 후회하지 않는다. 비록 큰 부자, 대사업가(大事業家)가 되지 못했어도, 하나님의 부름을 받아 예수 믿고 목사(牧師)가 된 것은, 하나님이 하시는 일로 알고 감사할 뿐이다. 실로 예수 믿고 목사가 되고, 목회하는 동안 미칠 듯이 기뻐할 때가 한두 번이 아니었다. 그 기쁨은 사업의 성공이나 돈을 벌었을 때의 기쁨과는 비교가 되지 않을 정도로 컸다.

예수를 믿다

내가 처음 예수를 믿게 된 것은 1935년, 즉 결혼하던 해, 그리고 함양읍에서 사업을 시작했던 그해 어느 겨울날이었다.

그 전 어느 날, 형님의 친구 한 분이 밤에 형님을 찾아와서 열심히 전도(傳道)하는 것을 나도 옆에서 들은 적이 있다. 즉 간접적으로 전도를 받은 셈이었다. 그때 나는 상당히 깊은 인상을 받았는데, 그 후 기독교에 대해 호기심을 가지게 되었다.

그러나 실제로 나를 교회로 인도한 것은 정순종(鄭淳宗) 집사였다. 조금 전에 이야기한 대로 비록 간접적이지만 평생에 복음(福音)을 처음 듣고 그때 내 마음 밭에 복음의 씨앗이 떨어졌다. 그때부터 나에게는 언젠가는 예수를 믿어 보아야겠다는 생각이 싹트게 되었다. 그러던 어느 날 밤이었다. 한 사람이 물건을 사러 가게에 왔다. 흥정한 물건에 대해 값을 계산한 후에 돈이 부족한 것을 알고 걱정을 하였다. 나는 즉시 모자라는 돈은 이 다음에 언제라도 좋으니 돈이 되는 대로 가져오라고 하였다. 그 손님은 정말 고맙다고 하면서 "선생님이 나를 언제 보았다고 이렇게 쉽게 믿고 외상을 주느냐?"고 하였다. 고맙다는 인사를 몇 번이나 하고 물건을 가지고 갔다. 며칠 후 그 외상값을 가지고 와서 역시 고맙다고 몇 번이나 감사를 표하였다. 이것이 인연(因緣)이 되어 그 사람과는 이름도 모르면서 아주 친밀한 사이가 되었다.

그 후, 바로 그날은 음력 섣달 그믐날로, 주일날이었다. 집에서 아침 식사를 마치고 오전 열시경에 가게로 나왔다. 집에서 가게로 가려면 반드시 교회 앞을 지나게 된다. 교회 앞을 무심코 지나가는데 뜻밖에 전에 외상을 주었던, 바로 그 이름도 성도 모르는 사람이 불쑥 내 앞에 나타났다. "선생님, 안녕하십니까? 오늘 저와 같이 교회에 갑시다. 지금 곧 예배가 시작될 것입니다." 나는 그때까지 그가 예수 믿는 사람인 줄 몰랐다. 그는 나를 붙들고 반강제적으로 교회당(敎會堂)으로 끌고 들어갔다. 나는 강권에 못 이겨, 그리고 전부터 예수 믿는 것에 대한 관심이 없지 않았기에 그대로 따라 들어가 교회당 마루에 앉았다. 약 삼십 분 후에 예배가 시작되었다.

나는 그때 처음 들은 설교를 잊을 수 없다. 내가 지금까지의 모든 생활을 버리고 기독교로 마음을 돌리게 된 바로 그 순간을 어찌 잊을 수 있겠는가. 나는 지금도 생생히 기억한다. 평생 들어보지 못한 새로운 말씀을. 성경(聖經) 본문(本文)은 요한계시록 7장 이스라엘 각 지파(支派) 중 인(印)을 받은 자만이 천국(天國)에 들어갈 수 있다는 것이었다.

나는 예수란 말도 잘 몰랐고, 들은 적도 없었다. 얼마 전에 형님의 친구가 전도할 때 옆에서 주워들은 것이 평생 처음이었다. 더구나 예배당에 들어온 것도 처음이었다. 평소 하루에도 몇 번씩이나 그 예배당 앞은 지나다니곤 했지만, 그 안으로 들어가 본다는 생각은 해보지 않았다.

처음 예배당 안에 들어와 앉아 있노라니 공연스레 부끄럽기도 하고 모두 다 나를 쳐다보는 것 같기도 했다. 그래서 거의 정신이 없을 지경이어서 가급적 뒤쪽에 앉았었다. 그러나 무언가 끌리는 것이 있어 설교를 열심히 귀담아 들었다. "이스라엘 열두 지파(支派) 중, 인(印) 맡은 자가 각 지파마다 만이천씩, 합하여 십사만사천 명만이 천국에 들어간다. 비유하자면, 군청(郡廳)에 쌀가마니를 공출(供出)할 때 관인(官印)이 찍힌 가마니라야 그 대가(代價)를 제대로 받을 수 있다는 것과 같다." 나는 그 설교를 굉장히 감명 깊게 들었다. 그리고 마음에 크게 감격하였다. 당장 그 즉석에서 예수를 믿기로 작정하였다. 그리고 지금까지 변함없이 곁길로도 가지 않았고 후퇴도 하지 않았고, 물론 후회도, 낙심도 해본 적도 없이 지금까지 나아왔다. 그날 나간 교회가 함양교회(咸陽敎會)로서 나의 모교회(母敎會)이다. 거기서 나는 믿기로 작정했고, 나의 신앙(信仰)도 자랐고, 드디어 목사까지 될 결심도 하였다.

길가에서 내가 붙들려 교회에 가 보자고 권함을 받은 바로 그 작은 사건이, 그리고 교회당에서 처음 들은 그 설교 말씀 한 구절이 나의 인생을 바꾸어 놓았다. 하나님의 역사하시고 인도하심이 바로 이와 같다고 생각하니 참으로 놀랍고 감사할 뿐이다. 우리가 견딜 수 없는 마음으로, 다소 체면을 무릅쓰고라도 이웃에게 전도하면 그것이 아무리 작은 사건이라도 그를 천국으로 인도하는 계기가 된다는 것을 나 자신 체험하였던 것이다. 그렇게 나를 인도하던 사람이 바로 정순종 집사였던 것이다.

친구 정순종 집사

정순종 집사는 나를 전도한 사람으로 나의 영원한 친구이다. 나는 그분을 잊지 않고 기도해 왔으며, 지금도 그 가족을 위하여 기도한다. 지금은 이미 고인(故人)이 되었기 때문에 이 땅 위에서는 볼 수 없으나 저 나라에 가서는 반가이 만나볼 것이다. 함양경찰서 유치장(留置場)에서 같이 옥고(獄苦)를 치른 친구이기도 하다. 그는 현재 부산 수정교회에서 시무(視務)하는 정순행(鄭淳行) 목사의 형님이기도 하다.

당시 대부분의 사람들 생활이 다 어려웠지만, 노부모와 사남매의 식구를 거느린 정 집사는 특히 매우 생활이 어려웠다. 그러나 신앙생활은 굳게 지켜 나가고 있었다. 나는 그가 결혼할 때 다소 도움을 주었으며, 이후 때마침 하나님의 은혜로 묵은 과수원(果樹園)을 소작(小作)으로 경작(耕作)할 수 있는 일터가 생겼을 때도 다소 도와주었다. 나는 이렇게 나를 신앙으로 이끈 진실한 친구인 그를 도와줄 수 있게 된 것을 진심으로 기쁘게 생각했다.

이후 1954년경, 내가 신마산교회(新馬山敎會)에서 시무할 때 내가 그를 어떤 고아원(孤兒院)에 총무(總務)로서 일할 수 있도록 하였다. 식구들이 모두 마산으로 이주하였고, 그 후 그들은 마산에서 정착하여 살았다. 정 집사는 1965년경 세상을 떠났다. 남은 식구들은 현재 마산 성막교회에 적을 두고 있으며, 자녀들은 어머니 최 권사를 모시고 모두 잘살고 있다. 나는 항상 나를 주(主) 앞으로 인도한 친구 정 집사를 잊지 못하며, 그와 가족을 위해 기도해 왔으며, 지금도 그러하다.

나의 첫 신앙생활

1935년 음력 섣달 그믐날, 처음 교회에 나가서 예배에 참석하였다. 찬송도 생전 처음 해보고, 설교도 생전 처음 들었다. 예배의식(禮拜儀式)이 신기하고 새롭고 정말 좋고 마음에 들었다. 이런 일을 하고 싶고, 믿고 싶어 처음 나가자마자 당장 예수를 믿기로 결단을 내렸다. 그리고 오늘날까지도 한 번도 변하거나 후회하거나 낙심하거나 물러나거나 한 적 없다.

믿음이 무엇인지, 구원(救援)이 무엇인지, 교회가 무엇인지 전혀 알지 못하면서도, 갑자기 처음 교회를 접하자마자 불붙는 마음이 생겼다. 시작한 그날부터 열심(熱心)을 다하여서 교회를 섬겼다. 오십 년이란 길다면 긴 세월 동안 한결같이 이 길을 걸으면서 세월 가는 줄 모르고 살아왔다.

이런 결심이 어디서 왔는지. 한때는 내가 결단을 내렸고, 내가 내 마음으로 믿고, 열심을 품어 주를 섬겼다고 생각한 적도 있었다. 그러나 지금 지내 놓고 보니 이 모두 하나님의 은혜요, 하나님께서 불러 주셨고, 하나님께서 믿게 하셨고, 그리고 때를 따라 도와 주셨고, 그 많은 힘든 일을 하도록 하셨음을 믿는다.

처음 교회에 나가면서부터, 지금 돌이켜 보아도, 정말 열심을 다하였다. 주일 낮 성경공부, 낮예배, 저녁예배, 수요일예배 모두 한 번도 빠짐없이 그 누구보다도 제일 먼저 교회에 나갔다. 때로는 시작시간도 되기 전에 교회에 나와 혼자 기다리는 때도 많았다. 심지어 수요일에는 왜 저녁예배만 있고 낮예배는 없느냐고 서운해할 정도였다. 진심으로 알고 싶고 배우고 싶었다. 교회를 위하는 일이라면 무슨 일이든 하고 싶었다. 찬송가도 빨리 배우려 했고 또 잘 불렀다. 목소리가 커서 교인 중에서 찬송가를 제일 잘 부른다는 칭찬을 들었다. 그래서 몇십 명밖에 되지 않는 교인들에게서 처음부터 주목(注目)을 받았고 큰 사랑과 귐을 받았다. 교회 안에서뿐 아니라 교회 밖 동네에서도 "아무개가 예수 믿는다"라는 소문이 날 정도였다. 그 정도로 열심이었던 것이다.

　기회만 있으면 교회에 나갔다. 그럴 때마다 정순종 집사를 만나게 되고 또한 만나자고 간청을 하였다. 때로는 밤을 새워 가며 기독교와 신앙에 대해 이야기를 나누었다. 때로는 함양 유원지인 상림(上林), 앞동산으로 산책을 하면서 토론하였다. 특히 나중 나의 신앙생활에 큰 영향을 주었던 주남선(朱南善) 목사님 이야기를 듣고 그 신앙을 흠모(欽慕)하였고, 그 신앙에 큰 고취(鼓吹)를 받았다. 그리고 내가 전도 받은 대로 다른 사람에게도 이 기쁨과 믿음을 전하여야겠다는 마음으로 열심히 전도하였다. 그 결과 많은 동네 청년들이 교회로 나오게 되니 교회 분위기도 한층 달라져 갔다.

처음 신앙에 영향을 주신 분들

조경우(曺景佑) 목사

그 당시 함양교회는 담임교역자(擔任敎役者)가 없었다. 그래서 그때그때 형편 따라 이 사람 저 사람이 설교를 하였다. 그런 분들 중에서도 조경우 집사(그 당시엔 집사였다)의 설교가 가장 감명을 주어 나에게 큰 영향을 미쳤다. 그때의 설교는 아직도 내 마음에 남아 있다. 그때 그분의 설교가 얼마나 웅변적(雄辯的)으로 들리었는지, 그 열변(熱辯), 그 논리(論理)는 나에게 굉장히 인상적이었다. 나같이 기독교에 대해 무지하나 열심만이 불붙고 있던 사람에게는 그분의 설교는 가장 알아듣기 쉬웠고 또 박력이 있었다. 그는 나중에 내가 다닌 신학교(神學校)의 삼 년 선배(先輩)였는데, 내가 신학공부를 하게 된 데에는 그분의 권면(勸勉)이 컸기 때문이기도 하다. 즉 일본 고베(神戶)의 간사이성서신학교(關西聖書神學校)로 가게 된 것도 그분의 인도를 받을 수 있었기 때문이었다. 그분도 나중에 목사가 되었고, 지금은 팔십오 세의 고령으로 서울 수표교회 원로목사(元老牧師)이시다.

강주선(姜周善) 전도사

처음 신앙에 영향을 주신 분이 또 한 분 있다. 곧 강주선 전도사였다. 그는 호주선교회(濠洲宣敎會)의 순회전도사(巡廻傳道師)로서 안의교회(安義敎會)에 주재하면서, 함양교회, 개평교회(介坪敎會), 사근교회(沙斤敎會) 등에 시무하고 있었다. 함양교회는 한 달에 한 주일만 순회를 왔다. 그때는 그 전도사에게 그동안 알고 싶은 것, 의심나는 것, 궁금한 것 등등을 물었다. 너무 많은 것을 질문하여 괴로워할 지경이었다. 처음에는 그런 나를 귀엽게 사랑스럽게 보았으나, 하도 집요하게 하루 종일 밤새워 가며 질문을 하다 보니 나중에는 나를 이상하게 보고 다른 교인들에게 저 민영완(閔泳完)이란 청년을 조심해서 대하라고 경계시킨 일도 있었다.

1936년 가을, 강주선 전도사의 주선으로 거창(居昌)에 주재하고 있던 호주 선교사 고도열(A. Cottrell) 목사에게 학습을 섰다. 그리고 1937년 봄에 세례를 받았다. 당시 강주선 전도사는 고도열 선교사에게 나를 가장 유망한 청년이라고 좋게 소개해 주었다.

첫 교역자 이성옥(李成玉) 전도사

자랑하는 말이 아니지만, 나 한 사람의 활동으로 인하여 교회가 활발해졌다. 특히 주일학교, 성가대가 활성화되었다. 교회는 큰힘을 얻게 되어 이제 단독 교역자를 청하기로 하였다. 강주선 전도사의 소개로 대구 신

함양교회 오인조악대. 1936년.
결혼하던 해인 1935년 12월, 정순종 집사의 전도로 예수를 믿게 되었고, 모교회가 된 함양교회를 몸과 마음을 다하여 섬기었다. 그 후 노방전도와 전도집회를 위하여 내가 구입한 악기로 오인조악대를 조직하였다. 왼쪽 두번째부터, 담임교역자 이성옥 전도사(트럼펫), 본인(클라리넷), 정순종 집사(큰북).

함양교회 유년부 교사들. 1938년.
일본으로 유학을 떠나면서 함양교회 유년부 교사들과 함께한 기념사진이다. 뒷줄 왼쪽 첫번째가 본인, 네 번째가 정순종 집사, 다섯 번째 이성옥 전도사.

함양교회 하기아동성경학교 기념사진. 1939년 7월 27일.
1938년 일본 도쿄로 건너가 유학 도중, 건강이 극도로 나빠져 일시 귀향하였을 때, 함양교회의 하기아동성경학교에 동참하였다. 뒷줄 왼쪽에서 두번째가 본인.

정교회 집사이며, 주일학교 유년부장(幼年部長)으로 수고하고 있던 이성옥 전도사를 함양교회 담임교역자로 청하게 되었다.

나는 너무나도 기뻤다. 첫 믿음, 첫 열심, 첫 사랑으로 첫 교역자를 모시고 보니, 그는 마치 천사와 같이 생각되었다. 조석(朝夕)으로 문안(問安)을 하다시피 하였다.

이성옥 전도사는 부임하자마자 즉시 나를 주일학교 유년부장으로 임명하였고, 또 남녀소년회(男女少年會)를 조직하여 나에게 맡겨 지도하도록 하였다. 그는 나를 종용하여 청년회 부흥을 위하여 당시로서는 거금(巨金)을 들여 오인조악기(五人組樂器)를 구입하여 교회에 바치게 하였다. 이리하여 함양교회에는 오인조악대(五人組樂隊)가 탄생하였다. 그 덕으로 나도 트럼펫과 클라리넷을 배워 불기도 하였다. 이 악대가 찬송가를 연주하며 노방전도(路傍傳道)를 다니게 되면서 청년들이 많이 교회에 나오게 되었다. 이 악기들은 해방 후에도 인근 지역의 노방전도와 전도집회(傳道集會)에 자주 이용되었다.

교회는 날로 부흥이 되었다. 하기아동성경학교(夏期兒童聖經學校)는 대성황을 이루곤 했다. 그때 나는 이성옥 전도사에게 많이 배웠다. 그때 교회에 나온 청년들 중에서 목사가 된 사람, 장로가 된 사람이 많이 나왔다.

또 이 전도사가 부임하여 새벽기도회를 처음 시작하였다. 나는 그때부터 새벽기도회에 나가기 시작하여 지금까지 계속하고 있다. 나는 교회에 나가는 것이 참으로 좋아 첫 열심을 가지고 물불을 가리지 않고 밤낮으로 뛰어다녔다. 새벽기도만으로는 만족이 되지 않아, 나 혼자서 저녁기도까지 하였다. 저녁 열한시경에 가게 문을 닫고 그날의 사무를 정리하고 교회에 가서 기도하고 돌아와 잠자리에 들었다. 기도문이 열려 집도 되기 전에 새벽기도회나 삼일기도회 때 내가 공중기도(公衆祈禱)를 하게 되었다. 그때 기도가 힘 있고 간절한 기도라는 말을 들었다. 그때는 찬송도, 기도도, 교회봉사도, 교역자 섬기는 일도 불붙은 마음으로 힘을 다했다. 교역자는 하나님의 종이라는 마음에서 성심성의(誠心誠意), 물심양면(物心兩面)으로 교역자와 사모님 그 가족들까지 돌보았다.

   그러나 그 열심만큼 반대와 핍박도 심했다. 그 반대 핍박은 주로 가족들로부터인데, 조상(祖上)에 대하여 제사(祭祀)하지 않는다는 것이었다. 가문(家門)에서는 부모도 조상도 모르는 자식은 자식이 아니라고 하면서 족보(族譜)에서 제적한다고까지할 정도였다.

가장 보람 있었던 전도(傳道)

공적으로 교회를 성심성의껏 충성봉사(忠誠奉仕)하고 또 교역자를 위해서도 사랑을 아낌없이 쏟고 지내면서 또한 교우들과 깊은 친교(親交)를 나누었다. 당시 나에게는 서로 잊을 수 없는 두 친구를 가졌다. 한 분은 나를 교회로 인도한 정순종 집사, 그리고 또 한 분은 내가 전도에 일익을 담당했었고 나중에 목사까지 된 조문봉(趙文奉) 목사이다.

   조문봉 씨는 함양읍에 사는 분으로 당시 불교함양포교당(佛敎咸陽布敎堂)에 다니던 불교청년(佛敎靑年)이었다. 그는 예수 믿기 전에 우리 교회 청년 박영환(朴永煥) 씨의 인도로 나와 한두 번 접촉한 일이 있었다. 한번은 아침 일찍 박영환 씨가 찾아와 말하기를, 조문봉 씨가 부친상(父親喪)을 당했는데 형편이 가난하여 장례비가 없으니 장례비를 좀 빌려 줄 수 있는가 하였다. 나는 즉시 삼십 원을, 빌려 주는 것이 아니라 그냥 도와주었다. 그는 대단히 고맙게 생각했고, 그 후부터 교회에 나왔고, 그리고 열심히 교회를 잘 섬겼다. 그는 늦도록 결혼을 못 했으나 결국 교회

주일학교에서 섬기던 여선생님과 결혼했다.

　이후 부산으로 이주하여 부산남교회(釜山南敎會)에 출석하였는데, 나중에 집사로서 교회를 섬겼다. 그 후 고려신학교(高麗神學校)를 나와 목사가 되었다. 그의 둘째아들 조성옥 목사는 미국 한인교회에서 봉사하고 있고, 셋째아들은 현재 서울 고려신학교에 재학 중이다. 조 목사님은 전주(全州) 모 교회에서 시무하시다가 지금은 은퇴하고 아직 그 교회를 돕고 계시다. 지금도 내 마음이 아픈 것은 어려운 가운데서 공부하는 셋째아들을 많이 도와주지 못하고 있다는 것이다.

일본 유학

공부하지 못한 것이 한이 되어

결혼하기 전 한때는, 당시 우리나라의 청소년들이 흔히 가졌던 농촌운동(農村運動)의 꿈을 가지고 개량종(改良種) 채소 재배, 임야지(林野地) 개간, 과수원 재배, 양계 등에 관심을 가지고 상당한 계획도 세워 보았으나, 결국 중형(仲兄)의 사업을 도와 사업하는 길로 들어서고 만 것은 전에 말한 바와 같다. 형님의 강한 요청에 의한 것이지만, 결국 시골 벽촌에서 그래도 도시 쪽으로 진출해 나온 셈이었다. 처음에는 사업의 꿈으로 가슴이 부푼 때도 있었으나 이제는 예수를 믿고 눈을 뜨고 인생관(人生觀)도 바뀌어 버렸다.

교회에 나가 새로운 사실도 알게 되고, 새로운 사람도 만나고, 토론도 하고, 바깥 세상에 대한 인식이 새로워짐에 따라 점차 공부하지 못한 것이 한이 되기 시작하였다. 이제 나이가 들어 공부할 기회도 놓치게 되나 보다 싶으니 사업도 안중(眼中)에 없고 돈 버는 것이 의미(意味)가 없어 보였다. 점차 공부해야겠다는 마음이 불붙듯 타올랐다. 그리고 생각은 더욱 뻗쳐 나가 무슨 수를 쓰든지 중학과정을 마치고 신학(神學)을 하여 목사(牧師)가 되겠다는 생각을 하게 되었다. 교회활동을 하면서 선배 전도사나, 다른 곳에서 순회 설교하러 왔던 교역자들에게서 들으면 들을수록 신학을 하여 목사가 되겠다는 생각 때문에 견딜 수가 없었다. 그렇게 될 수 있다면 무슨 수라도 쓸 용의가 있었다.

이런 생각을 알고 집안에서는 반대가 많았다. 그러나 나의 마음에 타오르는 불길은 꺼지지 않았다. 때로는 사업과 돈이 나를 유혹하여 나를 주춤거리게도 했다. 함양읍의 포목상은 계속 번창하고 있었고, 또 시골 재산도 약 오백 석(石) 정도는 되었으니, 그 역시 아쉽지 않은 것은 아니었다. 그러나 그것도 잠깐이요, 일편단심(一片丹心) 공부, 신학, 목사, 그리고 주를 위한다는 마음뿐이었다. 하루를 살아도 바로 살고, 참되게 살고, 의(義)롭게 살고 싶은 마음뿐이었고, 그것은 오로지 주님의 일을 하는 것뿐임을 알았다. 그리고 그것은 바로 목사가 되는 것으로 믿었다.

이 생각은 지금도 변함이 없다. 그래서 이때 내가 호(號)를 짓는다면 의암(義岩)이 어떨까 하고 생각해 본 적도 있다.

탕자(蕩子)처럼 서울로

공부 못한 것이 너무나 뼈아프게 한스럽게 여겨지던 차에 한번은 서울(그때는 京城이라 불렀다)에라도 가 보자 하는 생각이 들었다. 그래서 그해 추석을 기해 식구들과 점원들이 다 고향에 간 틈을 타서, 당시로는 꽤 거액(巨額)인 일금 천 원을 가지고 무작정 집을 나섰다. 오전 열시경 함양에서 남원(南原)으로 가는 버스를 타고 가서 남원에서 서울 가는 기차를 탔다. 서울에 도착하니 저녁 여덟시경이었다. 경성역(京城驛)을 나오니 밤이었고, 전깃불이 환하게 밝았다. 역 앞에서 무조건 전차(電車)를 타고 종점까지 가서 내리니 거기가 바로 독립문(獨立門)이 있는 영천(靈

泉)이었다. 눈에 띄는 한 여관에 들었는데, 그 이름은 금강여관(金剛旅館)이었다. 십여 일 동안 경성 거리를 헤매며 이 학교 저 학교들을 기웃거리기도 하고, 요즘 같으면 학원 같은 곳에 찾아가 형편도 알아보고, 시장에도 가 보고, 거리 구경도 하며 지냈다. 서울의 여러 풍물이나 활발하고 번화한 거리, 개화되고 발전된 모습, 공부하는 학생들을 보고 나의 처지가 너무나도 뒤떨어져 있음을 알았다. 결국 가진 돈은 다 떨어져 가고 그런 식으로는 도저히 공부를 할 수 있는 기회를 얻을 수 없다는 결론을 내리고 할 수 없이 고향으로 돌아오기로 하였다. 탕자(蕩子) 아닌 탕자가 되어 좌절하고 무거운 마음을 안고 돌아왔다. 그러나 무슨 수를 쓰더라도 공부를 해야겠다는 생각을 했다. 여기서는 이미 때가 늦어 버려 기회가 없을 듯하니, 바로 일본(日本)으로 유학 가서 못 다한 공부를 해내 보자는 계획을 마음 깊이 품고 고향으로 발길을 돌렸다.

기차를 타고 대구, 부산을 거쳐 이십여 일 만에 한개의 아버지 집으로 돌아갔다. 때는 석양(夕陽)이고 마침 이슬비가 부슬부슬 오는데, 저녁 준비가 부산한 집안 대문을 들어서니 집안 식구들이 야단이었다.

아버지의 꾸지람이 클 줄 알고 단단히 마음을 먹고 있었는데, 의외로 아버지는 내 마음을 이해해 주셨는지, 무사히 돌아온 것을 고맙게 생각하신다면서 다시는 나가지 말고 사업이나 잘 하라고 간곡히 타일러 주셨다. 아내에게나 교회에 미안하기 짝이 없었다.

드디어 일본으로

공부 생각 때문에 가출(家出)했다가 탕자 아닌 탕자가 되어 고향으로 돌아올 수밖에 없었으나, 그것은 서울 공부가 뜻대로 되지 않았기 때문이다. 공부하고 싶은 생각은 조금도 변함이 없었다. 언제라도 기회가 있으면, 길만 열리면, 어디라도 달려갈 각오가 되어 있었다. 신학을 해서 목사가 되고 싶은 결심과 집념(執念)을 그대로 간직하고 있었다. 계속 기도하였다.

그러던 중에 드디어 평소 생각했던 대로 일본으로 유학 가는 것이 최선(最善)인 줄 믿고 떠나기로 결심하였다. 이번에는 아버지와 형제들, 그리고 아내와 의논하고 허락을 얻었다. 특히 아내는 고향에 남아 혼자 시집살이하는 고생을 각오하고 나에게 공부하고 오라고 격려하여 주었다. 내 마음도 아팠지만, 그것도 드디어 공부한다는 기대에 가슴 부푸는 것을 억누르지 못했다. 그 이후 아내는 혼자 시골에 남아 그 오랜 세월 동안 시부모 모시고 집안일을 하면서 고생을 참고 견디었다.

아내도 예수 믿는다고 온 집안이 못마땅하게 생각했다. 그러나 아내는 도저히 나무랄 수 없게끔 잘 처신했고, 그래서 결국 온 집안에서 칭찬을 받았다. 더구나 아내는, 엄격하실 뿐 아니라 유교에 젖어 있어 예수 믿는 것을 늘 못마땅해 하셨던 시아버지에게 어렵게 말씀 드려 그래도 얼마간 학비(學費)를 얻어내서 나에게 부쳐 주곤 했다. 그리고 그 어려운 중에서도 기도로, 편지로 나에게 힘을 보태 주었다. 정말 고마운 존재였다.

때마침 함양교회에서는 배운환(裵雲煥) 목사를 강사로 청하여 부흥회(復興會)를 개최하는 도중이었다. 배 목사님은 일본 유학의 장도(壯途)에 오르는 나를 위해서 기도해 주시며 격려해 주시었다. 그때 장면은 지금도 나의 귀중한 추억(追憶)으로 잊혀지지 않는다. 그리고 이성옥 전도사는 일본 도쿄에서의 생활을 도와주실 분을 소개해 주었다. 이제 혼자서 그 주소하나 믿고 그 먼 일본으로 떠나게 된 것이었다.

그러나 문제가 생겼다. 그 시골 어려운 여건 속에서 애써 다니며 여권수속(旅券手續)을 하느라고 무리를 했는지 출발 즈음 그만 큰병에 걸리

함양예수교장로회 사경회 기념. 1939년 4월 1일.
일본 유학의 장도에 오르는 때, 마침 함양교회에서는 배운환 목사님을 강사로 청하여
부흥회를 개최하고 있었다. 배 목사님은 나를 위해 기도로 격려해 주셨다. 함양의 원림(園林)인
상림(上林)에서 함께한 기념사진. 뒷줄 가운데 한복 차림을 한 분이 배운환 목사님,
뒷줄 왼쪽에서 다섯번째가 본인, 뒷줄 오른쪽에서 첫번째가 이성옥 전도사, 두번째가 정순종 집사.

고 말았다. 코피가 나기 시작하여 십여 일을 계속하는데 도무지 그치지를 않았다. 출발해야 할 날짜는 다가오는데 병은 낫지를 않았다. 그러나 4월 입학기를 기해서 가야 하기 때문에 결국 1938년 3월 29일에 할 수 없이 아픈 몸을 이끌고 출발하였다. 그때 내 나이는 이미 스물한 살이었다.

부관연락선(釜關連絡船)으로 도쿄에

기대와 두려움에 벅찬 가슴을 안고 진주로 가서 부산까지 간 다음, 시모노세키(下關)로 가는 부관연락선을 탔다. 나 자신 산골 사람이라 밤새 배멀미에 시달렸다. 그 이튿날 아침에 시모노세키 부두에 내려 다시 도쿄행 기차를 탔다. 오사카(大阪), 교토(京都), 나고야(名古屋)를 거쳐 도쿄역에 내리니 그 이튿날 아침이었다. 구슬프게도 부슬비가 내리고 있었다.

아픈 몸으로 여행을 시작했기 때문에 도쿄에 도착했을 때도 몸은 극도로 괴로운 상태였다. 만리타국(萬里他國)에 마중 나온 사람 하나 없이 혼자 역 앞에 서니 온갖 감회가 가슴을 쳤다. 용기를 내어 역을 나와 택시를 타고 소개 받은 주소대로 스도쿠료(崇德寮)를 찾아갔다.

스도쿠료는 학사(學舍)였는데, 특히 조선인 고학생(苦學生)을 위한 학사였다. 사감인 박영출(朴永出) 씨에게 인사를 하고 이성옥 전도사의 소개로 왔다고 하였다. 박 선생님은 이 전도사의 계성학교(啓聖學校) 동창인 동시에 신정교회 교인이었다. 그는 나를 반가이 맞아 주면서 방을 정해 주었다. 그 방에는 이미 먼저 온 한 학생이 머물고 있어 둘이서 같은 방을 쓰게 되었다. 그는 김두일(金斗一) 씨라는 분으로, 와세다대학 경제학과 야간부 이학년이었다. 나이는 나보다 몇 살 많았는데, 진실한 분으로 매우 친절하게 대해 주었다. 그리고 고맙게도 도쿄에서 공부할 일에 대한 의논의 상대가 되어 주었다. 나중에 알았지만 김두일 씨는 일본에 공부하러 오기 전에 평양에서 한상동(韓尙東) 목사님의 지도를 받았으며, 나중에 일본에서 신학을 하고 목사가 되었고, 특히 소록도에서 목회를 하였다.

일본말은 이미 조금 할 줄 알았으니까 생활에는 지장이 없었다.

공부를 시작하다

여러 가지로 알아보고 의논한 결과, 빠른 시일 내에 야간부 중학교 졸업장이라도 받기 위해서는 지금 4월부터 8월 이학기 될 때까지 준비과정으로 학원(學院)을 다니면 9월 이학기에 중학교에 편입(編入)할 수 있다는 것을 알게 되었다. 그리하여 도쿄에서는 제일 유명하다고 알려진 학원 중의 하나인 연수학관(研修學館)을 소개 받았다.

그 이튿날 연수학관에 입학수속을 하고 삼 일째부터 공부를 하기 시작했다. 아직 몸은 회복되지 않은 상태에서, 낯선 타국 도회지에서, 그나마 익숙하지 않던 공부를 하였다. 하루 아홉 시간씩 낮밤을 가리지 않고 공부하였다.

원래 아픈 몸을 이끌고 무리하게 도쿄로 왔을 뿐 아니라, 또 무리하게 공부를 하느라 몸을 혹사하다 보니 결국 병이 도지고 말았다. 더구나 이국(異國) 음식에 입맛마저 잃어 무리가 거듭되었다. 이런 상태에서 몇 달 공부를 하게 되니 피곤하여 도저히 견딜 수가 없게 되었다. 결국 방학이 될 즈음에 쓰러지고 말았다. 신학교에 입학하기 전에는 절대로 고향에 돌아오지 않을 생각이었으나, 그것은 마음뿐이요 몸이 말을 듣지 않았다. 그래서 방학(放學)을 틈타 잠시 고향에 돌아와 요양을 한 후 건강한

도쿄 시나가와교회의 교우들, 1939년.
도쿄에서 공부 이외에 유일한 즐거움은 주일날 교회에 나가 봉사하고
교우들과 교제하는 일이었다. 맨 오른쪽이 본인.

도쿄 시나가와교회 하기아동성경학교 기념사진. 1939년 8월 20일.
황성수 목사가 인도하는 시나가와교회에 출석할 때 개최된 하기아동성경학교는
나에게 뜻 깊은 추억이 되었다. 성경학교 어린이와 교사들. 뒷줄 맨 왼쪽이 본인.

도쿄조선중앙교회 신도들과의 기념사진. 1939년 4월 9일.
도쿄 신주쿠 근처로 숙소를 옮기면서, 조선인 도쿄 유학생들이 모여들었던
도쿄조선중앙교회에 출석하였다. 이곳에 새로 들어온 학생 신도들과
김덕영 전도사 환영예배 기념사진.

몸으로 다시 오기로 하고 집으로 돌아왔다.

다시 일본으로 도망치다

허약해진 몸을 이끌고 집으로 돌아오니 가족들은 모두 놀라고 걱정했다. 아버지는, 이제 공부는 아예 포기하고 다시 사업이나 계속하며 편하게 살라고 다시 늘 하시던 권고를 하시었다. 그러나 나는 마음속에 결심한 바 있어 대답을 하지 않았다.

집에서 아내와 가족들의 따뜻한 돌봄 속에서 약 두 달 간 요양(療養)을 하니 다소 건강이 회복되었다. 그래서 다시 일본으로 가려고 하니 아버지는 물론이요 온 집안 식구들이 모두들 반대하였다. 그러나 내 마음은 변치 않았으며, 아내도 역시 공부하는 데 찬성해 주었다. 그래서 아내에게만 의논하여 결정하고, 나 자신이 그동안 준비해 왔던 바 전 재산을 정리한 돈을 가지고 집안은 물론 교회의 그 누구에게도 알리지 않고 일본으로 도망하듯 건너갔다.

지금도 잊을 수 없는 것은, 어른들 모르게 부산까지 와서 부관연락선을 탔을 때, 마침 양촌(良村) 친정에 와 있던 아내가 부산의 부두까지 전송을 나온 일이었다. 그때 일이 지금도 추억으로 남아 있다.

다시 일학기 때부터 다니던 연수학관에서 공부를 시작했다. 그리고 동시에 세이소쿠상업학교(正則商業學校) 야간부에 편입하였다.

그리하여 낮에는 학관 공부, 밤에는 야간 상업학교에 다니며 죽어라 하고 공부를 하였다. 1940년 3월에 상업학교 졸업장을 얻었다. 이제 자격을 갖추었으므로, 그토록 바라마지않던 신학교에 입학할 수 있었다.

도쿄에서의 생활

스도쿠료에는 그리 오래 머물지 않았다. 모든 조선인 도쿄 유학생들이 그러했듯이, 나도 시내에 작은 방을 하나 얻어 생활하면서 식사는 근처 식당에서 사 먹었다.

낮에는 학관 공부, 저녁에는 야간 상업학교에 다니며 그야말로 밤낮으로 공부만 했다. 나는 국민학교밖에 나오지 못했기 때문에 공부에 한이 맺혀 있던 터라, 정말 한도 원도 없이 공부하였다. 특히 영어, 수학, 한문 공부를 열심히 하였다.

유일한 즐거움은 주일날 교회에 나가 봉사하고, 교우들과 사귀는 일이었다. 교회는 시나가와교회(品川敎會)였으며, 황성수(黃聖秀) 목사가 인도하고 있었다. 이곳에서 여름방학 때 개최했던 하기아동성경학교(夏期兒童聖經學校)는 대단히 뜻 깊은 추억이 되고 있다. 나중에는 신주쿠(新宿) 근처에 옮겨 살면서 도쿄조선중앙교회에 출석하였다. 이 교회는 주로 조선인 도쿄 유학생들이 모여들었던 교회였다. 당시 김치선(金致善) 목사가 인도하고 있었다. 그때 그 교회에 나오던 유학생으로서, 나중에 대한성서공회(大韓聖書公會)에서 일했던 조선출(趙善出) 목사, 미국의 소리 방송으로 유명했던 황재경 목사, 성악가였던 이인범 씨, 김천애 씨, 김영길 씨 등이 있었다. 성가대 지휘는 김형도 씨였는데, 나도 이인범 씨와 같이 찬양대에도 봉사했었다.

도쿄에서 공부하는 동안에는 결심한 바 있어, 방학이라도 한 번도 귀국하지 않고 오로지 공부에만 전념하였다.

신학교 생활

간사이성서신학교(關西聖書神學校) 입학

1940년 3월 드디어 대망(大望)의 신학교에 입학하였다. 신학교는 고베(神戶)에 있는 간사이성서신학교였다. 그때의 마음은 하늘에 오를 듯 기쁘고 감사하였다.

당장 아내에게 편지를 썼다. 이제 원하던 입학은 되었고, 기숙사에 들어가게 되었음을 알렸다. 그리고 등록비는 없으나, 기숙사비 매월 이십 원과 잡비 약간만 있으면 된다고 하였다. 그러니 아버지께 잘 말씀 드려 학비를 좀 보내 주도록 해 달라고 하였다.

내 아내가 이 편지를 받고 아버지께 말씀 드렸더니 야단이 났다. 대학(大學) 가는 줄 알았더니 귀신학교(鬼神學校)가 웬 말이냐, 노발대발(怒發大發)하시었다. 신학교라 했더니 귀신학교라고 야단치신 것이었다. 아버지는 이제 집안이 다 망했다고 하시면서 예수가 원수라고 하셨다.

그러한 시아버지께 어린 며느리가 어렵게 말씀 드리고 졸라서 매월 학비 몇십 원씩 얻어 내어 남편 신학공부 삼 년을 다 시켰다. 이는 참으로 대견스럽고 감사한 일이었다. 한두 번도 아니고 삼 년간 계속하면서 학

**간사이성서신학교 뒤편 밭에서
채소를 가꾸는 학우들. 1940-1943년.**
신학교의 학교생활은 엄격하고 철저했다. 매일 오후 두시부터
한 시간씩 학교 뒤편 밭에서 전교생이 채소를 가꾸는 노동을 하여,
기숙사 식단을 거의 자급자족하였다. 맨 오른쪽이 본인.

기 초나 학기 말, 때로는 책값, 기타 특별히 소용되는 돈까지 여러 가지 방법으로 마련해 주었다. 그 얼마나 수고가 많았는지 모른다. 실로 그때부터는 공부하는 내가 고생(苦生)이 아니라 뒷바라지했던 아내가 많은 고생을 했다. 그나마도 혼자 시골 벽촌에서 시집살이하면서, 눈총 속에 교회까지 다니면서 말이다. 오로지 착하고 영리한 심성(心性)과 신앙(信仰)으로 그 모든 수고를 감당하였던 것이다. 참으로 고마운 일이었고, 나에게 큰 힘이 되었다.

신학공부 삼 년

신학교 생활 삼 년이란, 한편으로 은혜로운 면도 있었지만, 또 한편으로는 신앙의 훈련이 얼마나 엄격하고 철저했는지 육체적으로는 몹시 고생스러웠다.

 매일 학교생활을 보면, 아침 다섯시에 일어나 세수를 하고 여섯시에 조천기도회(早天祈禱會), 즉 새벽기도회에 참석했다. 기도회 때는 찬송가 한 장을 부르고, 성경을 차례로 돌아가며 읽고, 다음 자유스럽게 이, 삼학년 학생이 간증(干證)을 하고, 끝으로 교장 선생님의 말씀과 기도가 있은 후 일곱시까지 통성기도(通聲祈禱)를 하였다. 일곱시에 아침 식사를, 여덟시에 실내청소를 하고, 아홉시에 수업(授業)이 시작되었다.

 수업시간마다 은혜가 쏟아졌다. 이 간사이성서신학교는 하나의 단순한 지식전달(知識傳達) 기관이 아니었다. 날마다 시간마다 성경의 뜨거운 역사(役事)로 은혜가 넘쳐흐르는 그런 장소였다. 날마다 나의 신앙은 자라 성숙(成熟)해졌고, 영적으로 성장해 갔다. 내 신앙의 인격(人格)은 날로 변화해 갔다.

 오후 한시에 점심 식사를 하고 오후 두시에는 한 시간씩 학교 뒤에 있는 밭에서 전교생이 채소 가꾸는 노동(勞動)을 하였다. 재배한 채소로 기숙사 식단(食單)이 거의 자급자족(自給自足)되었다. 밭에서의 노동은 건강을 위해서도 좋았고, 경제적으로 상당히 도움도 되었다. 오후 세시부터 다섯시까지는 선택과목(選擇科目)으로 자유롭게 강의에 참석하였다.

오후 여섯시에 저녁 식사를 하고 그 이후에는 자유롭게 개인적으로 공부하였다. 식사 준비를 위해서는 식모(食母)가 있었고, 학생 삼 인씩 당번제(當番制)로 부엌일을 도왔다.

수업은 매일 있었고 토요일은 오전 수업만 있었으며, 일요일에는 휴강하였다.

주일에는 기상, 조천기도회, 아침 식사까지는 평일과 같았으나, 그 다음은 달랐다. 도시락 두 개와 전차표 두 장(왕복표)을 주어 어느 교회를 가든지 폐를 끼치지 않고 봉사(奉仕)하되, 저녁예배까지 보고 돌아오게 하였다. 저녁예배를 마치고 늦게 돌아오면 기숙사 방마다 책상 위에 과자(菓子) 담은 접시가 하나씩 놓여 있었다.

매주 화요일에는 철야기도회(徹夜祈禱會)로 모이는데, 여기에는 교장도 참석하였다. 두꺼운 방석 위에 무릎을 꿇고 밤 열한시부터 다음날 새벽 조찬기도회까지 계속 기도하였다. 참으로 고된 훈련(訓練)이었다. 처음에는 다리가 아프다가, 저리다가, 쥐가 나다가, 한두 시간 지나면 드디어 마비되어 아픈 줄을 모른다. 이 철야기도회가 제일 힘들었다. 토요일 저녁에는 고베 시내 노방전도(路傍傳道)를 나갔다.

그리고 매 학기가 시작될 때면 삼 일간 금식(禁食)하였다. 매년 5월 초에는 학교에서 큰 집회(集會)를 하였다. 이는 시오야 세이가이(鹽屋聖會)라고 하며, 일본에서 전국적으로 유명한 대성회(大聖會)였다. 이와 같이 학교에서의 생활은 철저하고 금욕적(禁慾的)이고 엄격하였다.

간사이성서신학교에 대해 간단히 소개하려 한다. 확실히 언제라고 기억나지 않으나 이 신학교는 이십세기 초에 영국에서 일본에 온 백스턴(Baxton) 선교사와 윌콕스(Wilcox) 선교사가 설립한 학교라 했다. 내가 학교 다닐 때 교장은 사와무라 고로(澤村五郎) 선생으로, 나는 특히 그분을 가까이 여기고 자주 개인적으로 많은 토론(討論)을 하며 지도(指導)를 받았다. 그 외에 기억나는 선생님으로 독신(獨身)으로 지내셨던 고지마 이스케(五島伊助) 선생과 오에(大江) 선생이다. 신학교의 분위기는 앞에서 말한 대로 매우 영국 청교도적(淸敎徒的)이며, 보수적(保守的)이며, 금욕적(禁慾的)이며, 무엇보다 그 학교 이름처럼 성경중심적(聖經中心的)이었다.

이 학교에서는 다수 조선인 학생들이 공부했다. 동기동창생(同期同窓生)으로 송일태(宋一泰) 목사가 있고, 선배 목사로서 앞에 말한바, 내가 평신도였을 때 함양교회에서 전도사로서 나를 인도(引導)해 주었고 나중에는 서울 수표교회에서 시무하시던 조경우(曺景佑) 목사, 감리교 감독(監督)까지 지내신 이경재(李景宰) 목사, 감리교 미아리교회에서 시무하시던 박경룡 목사, 장로교회의 윤남하(尹南夏) 목사, 그리고 전라남도 해남(海南)에서 활동하시던 이준묵(李埈默) 목사 등이 계시다. 수년 전 여러 동창들이 모여 같이 해남으로 여행하면서 옛날 학창시절을 회고하며 즐겁게 시간을 보낸 적이 있다.

교회 봉사

신학 삼 년 동안 고베 시내에 있는 오하시한인교회(大橋韓人敎會)에 출석하여 봉사하였다. 주로 주일학교와 성가대를 도왔다. 주일 오후 두시에는 교회 근처 뒷골목에서 어린이를 대상으로 노방전도를 하였다. 매

간사이성서신학교 교사와 학우들. 1940-1943년.
간사이성서신학교는 영국인 백스턴 선교사와 윌콕스 선교사가 설립하였다.
학교 분위기는 청교도적, 보수적, 금욕적이었으며, 무엇보다 성경중심적이었다.
나의 재학 시 교장은 사와무라 고로 선생으로 나는 특히 그분을
가까이 여기고 자주 개인적으로 토론하며 지도를 받았다. 간사이성서신학교
학우들과 선생님들. 뒷줄 가운데(위 사진)와 뒷줄 맨 오른쪽(아래 사진)이 본인.

고베 오하시한인교회의 교우들. 1940-1943년.
신학교 삼 년 동안 고베 시내 오하시한인교회에 출석하여 성심을 다하여
봉사하였고, 교우들로부터 많은 사랑을 받았다. 가운뎃줄 왼쪽에서 네번째가 본인.

주일 한 장소에서 일정한 시간에 모이니, 하나의 노방주일학교(路傍主日學校)가 세워진 셈이었다. 상당한 수의 어린이가 모였고, 참으로 재미있고 보람이 있었다.

오하시한인교회 성도들에게 삼 년 동안 참으로 많은 사랑을 받았다. 주일에 학교에서 가지고 온 도시락은 보잘것없었기 때문에, 그것을 자기들이 먹고 나의 식사를 위해서는 교인들이 순번을 정해 별도로 준비해 주어 정말 대접을 잘 받았다. 전시(戰時)였기 때문에 물자가 귀한 때였는데, 소고기 배급(配給) 받는 날에는 반드시 전화해서 식사에 초대해 주었다.

만리타국에서 한인교회는 나에게 큰 위로가 되었다. 또한 방학 때 귀향하여 고향 모교회(母敎會)에도 봉사하였다. 당시 함양, 산청, 진주, 그리고 처가가 그 근처에 있는 마산 지역을 다니며, 혼자서 또는 동창생들과 같이 여기저기 작은 교회를 순회하여 집회(集會)를 인도하거나, 하기 아동성경학교를 개최하거나 도와주었다. 당시 우리는 일본 유학하는 신학생이라 하여 귀히 여김을 받아 여러 교회에서 환영 받았다. 특히, 나는 그 인근 지역에서 엄한 집안으로 알려진 산청 한개 민(閔) 씨 집안 청년이 예수 믿고 신학 한다고 해서 꽤나 유명하였다.

함양경찰서 유치장

연행

일본이 1941년 12월 8일 미국 하와이 진주만을 기습 공격하면서 선전포고(宣戰布告)하였다. 태평양전쟁(太平洋戰爭, 일본은 이를 大東亞戰爭이라 불렀다)을 일으킨 것이다. 일본 군대는 계속 승리하여 의기양양(意氣揚揚)하였고, 곧 전 세계를 점령할 것 같은 기세였다.

바로 그해 겨울, 동기 방학을 기해 나는 고향에 귀국하였다. 그때 나를 교회로 처음 인도한 정순종 집사가 자신이 섬기는 사근교회(沙斤敎會)에서 며칠 간이라도 좋으니 집회를 열어 달라고 요청해 왔다. 나는 기꺼이 응하였다. 집회를 마치는 날, 즉 12월 27일 주일날 열시 사십오분경 대예배를 위해 강단 밑에서 기도하고 있을 때였다. 밖에서 순사(巡査)가 나를 찾는다는 전갈이 왔다. 나갔더니 기다리고 있던 조선인 순사는 다짜고짜로 사근주재소(沙斤駐在所), 즉 경찰지서(警察支署)로 가자고 하였다. 정순종 집사도 불려 나왔다. 따라 나섰더니, 곧장 함양으로 가는 버스에 태워 함양경찰서로 데려갔다.

그리고는 우리 두 사람을 아무 말도 없이 유치장 앞에 하루 종일 세워

두었다. 석양이 되었을 때 고등계형사(高等係刑事)가 나를 어둡고 컴컴한 유치장으로 끌고 갔다. 그러고는 유치장 철문을 철커덕 하고 요란한 소리를 내며 열더니 내 엉덩이를 구둣발로 차면서 빨리 들어가라고 하였다. 그러고는 "이 자식, 너는 이제 죽었다. 일본이 망하기 전에는 다 나왔다" 하고 소리를 질렀다. 그 순간 나는 이유 없이 기뻤다. 왜냐하면 유치장 앞에 장시간 기다리고 서 있을 때, 내심(內心) 나는 어서 저 유치장 안에 들어갔으면 하고 간절히 바라고 있었기 때문이었다. 그때 나는 주님을 위해 핍박 받는 은혜를 생각했고, 저 주님을 위해 순교(殉敎)까지 한 신앙의 선배들을 생각하고 있었다. 그 후 함양 사회에 "함양유치장이 생긴 이후로 웃고 들어갔다가 웃고 나온 자는 민영완뿐이었다"란 말이 나돌았다고 한다.

형사의 발에 채이면서 유치장 안으로 들어서는 순간 나는 "이제 나도 주를 위해 옥(獄)에 갇히는구나, 나 같은 죄인(罪人)도 주를 위해 고생을 하는구나" 하는 뜨거운 마음이 복받쳐 올라왔다. 나도 모르게 감격하여 뜨거운 눈물이 쏟아졌다. 나의 뇌리에는 바울이 고생한 저 감옥, 주기철(朱基徹), 주남선(朱南善), 손양원(孫良源) 목사님들이 지금도 갇혀 고생하고 있는 저 감옥, 나도 이제 들어간다고 생각하니 나의 마음은 형언할 수 없이 감동되었다.

감방에서

감방에 들어가니 빈방인데 먼지가 뿌옇게 쌓여 있고 퀴퀴하고 추운 냉기(冷氣)가 전신을 휩쌌다. 입으로 먼지를 이리저리 불고 마룻바닥에 꿇어앉아 기도하였다. 내가 평소에 좋아하는 말씀, "나는 사나 죽으나 주(主)의 것이니, 살아도 주를 위하여, 죽어도 주를 위하여, 살든지 죽든지 이

몸으로 하여금 주님만 존귀(尊貴)히 되게 하려는 마음뿐이라"(로마서 14장 8절, 빌립보서 1장 20절)는 말씀을 음미(吟味)하였다. 일본이 망하기 전에는 살아 나갈 수 없다고 했으니, 비장한 각오(覺悟)의 기도를 올렸다.

다시 한번 문소리가 나기에 보니 작은 문으로 식사가 들어왔다. 너무도 더러운 나무 벤또(도시락)에 보리밥 조금하고 옆에 다꾸앙 잎사귀(일본식 무 김치)의 먹지도 못할 부분을 썰어 소금을 약간 뿌린 것이 반찬으로 담겨 있었다. 하루 종일 아무것도 먹지 못했으니까 배가 무척 고팠지만, 그 식사는 정말 먹을 수가 없었다. 그러나 안 먹을 수가 없어 "하나님 감사합니다" 하고 기도를 한 후 옆방에 같이 갇혀 있던 정순종 집사를 불러 "집사님, 그래도 잡수세요" 하고는 나도 맛을 모른 채 그것을 억지로 다 먹었다.

조금 있으니 춥기 시작하였다. 또 기도하였다. "하나님, 내게 힘 주시옵소서. 이 시험(試驗), 이 환란(患亂), 이 핍박(逼迫)을 이기게 해 주옵소서. 이것이 내 목에 태인 십자가(十字架)라면 달게 지고 가겠습니다"라는 마음뿐이었다. 조금이라도 원망이나 고민도 하지 않았다. 오버코트를 뒤집어쓰고 엎디어 기도하다가 잠들고, 깨면 또 기도하면서 추위를 이겼다.

　　내 영혼이 은총 입어 중한 죄 짐 벗고 보니
　　슬픔 많은 이 세상도 천국으로 화하도다

　　주의 얼굴 뵙기 전에 멀리 뵈던 하늘나라
　　내 맘속에 이뤄지니 날로 날로 가깝도다

높은 산이 거친 들이 초막이나 궁궐이나
내주예수 모신 곳이 그 어디나 하늘나라

할렐루야 찬양하세 내 모든 죄 사함 받고
주예수와 동행하니 그 어디나 하늘나라
—찬송가 495장

라고 찬송하였다. 또,

환란과 핍박 중에도 성도는 신앙 지켰네
이 신앙 생각할 때에 기쁨이 충만하도다
성도의 신앙 따라서 죽도록 충성하겠네

옥중에 매인 성도나 양심은 자유 얻었네
우리도 고난 받으면 죽어도 영광되도다
성도의 신앙 따라서 죽도록 충성하겠네

성도의 신앙 본받아 원수도 사랑하겠네
인자한 언어 행실로 이 신앙 전파하리라
성도의 신앙 따라서 죽도록 충성하겠네
—찬송가 383장

라고 찬송 부르며 기도하였다. "나 같은 죄인도 주를 위해 고생할 수 있다는 것은 너무도 과분(過分)하니, 감당할 수 있는 믿음을 주시옵소서. 불붙는 사랑으로 주를 사랑할 수 있는 강한 사랑을 주시옵소서" 하고 뜨겁고 간절한 마음으로 기도하였다.

이전에 나는 함양에서 돈도 많이 벌었고, 호강도 하고, 윤택하게 살기도 했다. 그러나 나는 예수 믿고 내 인생관(人生觀)이 바뀐 이후에는 부귀공명(富貴功名)도 다 버리고, 의롭고 참되게, 뜻있게 살기를 바랐다. 목사가 되어 주를 위해 복음(福音)을 위해 살겠다고 결심했다. 그래서 부모 형제가 그렇게도 반대하던 것을 뿌리치고 도망까지 쳐서 꿈속에서마저 소망하였던 신학공부를 하였다. 그러나 이렇게 감옥에 갇히고 보니, 한편으로는 부모와 이웃에 면목도 없고, 낭패를 당한 것 같기도 했고, 또 일본 경찰에 대해서는 억울하고 분하기가 한없기도 했다. "일본이 망하기 전에는 다 나왔다"는 그 형사의 말을 들었을 때, "이제는 세상 마지막이다, 식구들도 성도들도 지상에서는 못 보는구나"라고 생각하니, 한편 기가 막히기도 했다. 감사의 기도를 드리면서도 한편 이런 기막힌 생각도 지울 수가 없었다. 12월 27일 겨울, 얼마나 추웠던가. 지금으로부터 오십 년 전의 일이지만 그때 일을 생각하면 지금도 몸서리 쳐진다. 그 찬송, 그 기도, 두려움, 그리고 그때 그 추위. 평생 잊을 수 없는 추억이다.

유치장 생활

연말(年末)이 되니 죄수(罪囚)들의 숫자가 불어갔다. 내가 있던 감방에도 몇 사람이 들어왔다. 그 중 한 사람은 자전거를 도둑질하다가 붙들려 왔는데, 헐벗은 거지 청년이었다. 하도 춥다고 벌벌 떨기에 나는 내 내복(內服)을 벗어 주었다. 밤이면 담요가 하나뿐이라 서로 덮으려고 하기 때문에 나는 양보해 버리기 일쑤였다. 이렇게 하루 이틀 달이 바뀌니, 감방생활도 상당히 익숙해졌다. 밥맛도 생겨 이제는 없어서 못 먹지, 맛없어 못 먹지는 않게 되었다. 인간적인 근심 걱정도 차차 누그러지고, 기쁘고 즐거운 얼굴로 감사의 생활을 보내게 되었다. 한번은 일본인 간수가 하는 말이 "당신은 감방생활을 얼마나 했느냐. 한 십 년쯤 한 것처럼 익숙

감옥에서 석방된 직후. 1942년.
1941년 12월, 일본에서 일시 귀국하여 정순종 집사가 섬기는
사근교회에서 집회를 인도하는 중 연행되어, 함양경찰서 유치장에서
석 달 간 옥고를 치렀다. 이듬해 3월 석방된 직후
같이 옥고를 겪은 정순종 집사(뒤 오른쪽)와 본인(앞).

해 보인다"고 하였다.

정순종 집사는 유치장에 들어온 지 얼마 되지 않아 석방되어 나갔다. 그때 나는 영영 감옥에서 정말 나오지 못할 줄 알고 다시 한번 마음에 충격을 받았다. 그 후 시국(時局)이 어떻게 되어 가는지, 일본이 흥하는지 망하고 있는지 알 수 없어 답답하였다. 나도 영영 여기서 썩을 것인지, 석방이 될 것인지 궁금하기 짝이 없었다. 주를 위해서라면 고생은 물론, 순교까지 각오가 되어 있었지만, 인간인지라 할 수만 있다면 하루빨리 나가서 다시 신학공부도 계속하고 싶은 마음 간절하였다. 그래서 기도하였다. "하나님, 언제까지 이렇게 세월만 보내야 되겠습니까. 할 수만 있다면 하루빨리 옥문(獄門)이 열리게 하옵소서" 하고 기도하였다.

어언 겨울이 지나가고 3월 신학기가 다가왔다. 초조해하던 중, 하루는 고등계에서 나를 불러내었다. 그리고 형사가 하는 말이 "조선(朝鮮)에 머물러 있지 말고, 빨리 일본으로 가서 공부하라"고 하였다. 이유 없이 투옥(投獄)시키더니 또 이유 없이 석방(釋放)시키는 것이었다. 지금 회고해 보니, 일제 말엽, 다수 지식인(知識人)들과 기독교인(基督敎人)들이 일제 식민통치(植民統治)에 반대하고 있던 시국에 태평양전쟁이 벌어졌고, 또 신사참배(神社參拜) 문제로 기독교를 탄압할 때인지라, 내가 예수 믿는 신학생이라 특별히 드러난 죄는 아직 없으나, 일단 구속(拘束)시켜 본 것이 아니었나 생각된다. 또한 일본 유학생인지라, 방학이 끝나 새 학기가 되니 석방하여 공부를 계속할 수 있도록 해 준 것이라 생각된다. 그러나 자세한 것은 알 수가 없었다. 나는 단지 유치장을 나와 다시 공부하게 된 것만 생각하고 감사기도를 드렸을 뿐이었다.

이튿날 아침 일찍이 옥문이 철거덕 하고 열리더니, "민영완이 나와라" 하는 명령이 떨어졌다. 일본인 순사가, 너는 석방이니 나가라고 했다. 나를 잡아온 조선인 형사는 보이지 않았다. 그 후로도 영영 보지 못했다. 이름도 몰랐고, 또 알려고 하지도 않았다.

다시 집으로

그때 큰형님이 함양에 계셨다. 나는 경찰서를 나와 큰형님 계신 곳으로 갔다. 시골에 계시는 아버지께서 내가 유치장을 나온다는 소식을 듣고 그 전날 오후에 함양에 와 계셨다. 아침 식사를 하시고 나를 보러 경찰서로 나서는 차에 내가 집으로 들어섰다. 모두 놀라고 심히 반가워하셨다. 아버지께서는 "그래도 예수를 믿을 것이냐. 이제는 예수가 네 입에서 활활 나오지 않느냐"고 야단하시었다. 이는 아버지께서 너무 화가 나셔서 마음에 있는 말씀, 없는 말씀을 다 하신 줄로 안다. 그러나 후에 아내에게 들었는데, 아버지는 내가 예수 믿는 것이 한없이 밉기는 했지만, 자식인지라 그 엄동설한(嚴冬雪寒)에 유치장 안에서 얼어 죽지나 않았을까 걱정하시면서, 때로는 밤잠을 이루지 못하시고 방문을 열고 밖으로 나가셨다, 들어오셨다 하시면서 밤을 새운 일도 있었다는 것을 알게 되었다. 아버지의 사랑을 깊이 느끼게 되었다.

나오자마자 형님 집에서 밥 한 그릇을 순식간에 먹어 치우고 약국(藥局)에 가서 소화제를 사 먹었다. 그리고는 오랜만에 이 사람, 저 친구를 만나며 즐거운 시간을 보냈다. 그러면서 그날 하루 모두 여섯 그릇의 밥을 먹었다. 그동안 배 곯은 것을 만회라도 하듯이. 그러나 아내는 여자의 몸이라 시골집에서 가슴을 태우며 기도만 하고 있었다. 시골 완고한 가정이라 감히 남편 보러 함양에 나올 수가 없었던 것이었다.

아버지께서는 그날로 집으로 돌아가시면서 빨리 집으로 돌아오라 하셨다. 그러나 나는 이튿날 집으로 바로 가지 않고 사근교회로 갔다. 교인

전원이 내가 온다는 말을 듣고 모였다. 반갑게 만나고 예배를 보는데, 울음바다가 되었다. 울면서 찬송하고 기도하니 큰 부흥회(復興會)를 하는 것 같았다. 사근에서 하룻밤을 지내고 이튿날 생초교회(生草敎會)로 갔더니, 거기서도 교인들이 함께 모여 감사예배를 드렸다. 역시 울음바다를 이루었다.

경호강을 건너 집으로 돌아와 반갑게 아내를 만나고, 따뜻한 방에서 오랜만에 단잠을 잤다. 그러나 긴장(緊張)된 마음이 풀리니 그 사이 생긴 병이 드러났다. 전신(全身)이 붓고, 특히 발등이 부어 당분간 출입을 잘 하지 못했다.

약 한 달 동안 요양(療養)을 하니 건강이 회복되었다. 그래서 하던 공부를 계속하러 일본으로 건너갔다. 신학교의 조선인 학생들은 내 방으로 몰려와서 위로와 격려를 해 주었다. 그러나 일본인 학생들은 약간 서먹서먹해하였다. 다음날 오하시한인교회로 갔더니 온 교회가 많은 위로를 해 주었다.

졸업과 귀향

졸업

그토록 원하고 바랐던 신학교 공부를 무사히 마치고, 드디어 졸업하는 날이 다가왔다. 1943년 3월 어느 날이었다.

전쟁으로 시국(時局)이 어려운 때라 여느 때와 같이 호화스러운 졸업식은 하지 못했다. 모든 식순(式順)은 간단히 진행되었다. 그러나 교장의 훈사(訓辭)인 충성봉사(忠誠奉仕)하라는 말씀을 감명 깊게 들은 기억이 난다. 제17회 졸업생으로 졸업장(卒業狀)을 받으니 정말 감개무량(感慨無量)하였다. 식후에 오사카(大阪)에 있는 어느 성도(聖徒)가 점심 식사를 준비하여 트럭에 싣고 와서 그날 졸업식에 참석한 수백 명이 같이 점심을 먹었다.

이 신학교에서 나는 배운 것도 많았고 은혜 받은 것도 많았다. 이 학교 교육의 특징은 영적훈련(靈的訓練)에 역점(力點)을 두고 있다는 점이다. 그 교육과정 중에 지금도 기억에 남는 일이 많다. 엄격한 청교도적(淸敎徒的)인 기숙사 생활, 기도회, 간증, 그리고 영적이고 보수적(保守的)인 교과내용(敎科內容) 등 이후 나의 신앙생활과 목회활동(牧會活動)에 큰

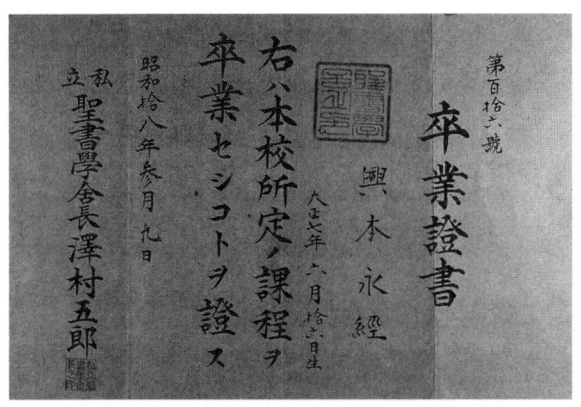

간사이성서신학교 졸업증서. 1943년 3월 9일.
그토록 원했던 신학교 공부를 마치고 1943년(쇼와 18년)에 드디어 졸업을 하였다.
졸업증서에는 창씨개명으로 인해 나의 이름이 '興本永經'으로 나와 있다.

간사이성서신학교 제17회 졸업 기념사진. 1943년 3월 9일.
이 신학교는 배우고 연구했을 뿐 아니라, 먹고 자고 기도했던 연마의 도장이었다.
앞줄 가운데가 교장 사와무라 고로 선생, 뒷줄 맨 오른쪽이 본인.

영향을 주었다. 이 학교를 통해 나는 영적으로 거듭나고 성장했다. 나를 목사로 만들기 위하여 철저히 훈련시킨 곳, 이 신학교는 나의 미디안이요, 아라비아 삼 년이었고, 선지학교(先知學校)였다. 배우고 연구했을 뿐 아니라, 먹고 자고 기도했던 연마(研磨)의 도장(道場)이었다.

일편단심 전폭(全幅)을 바쳐 한순간도 낭비하지 않고 지내온 삼 년을 되돌아 볼 때, 졸업은 너무나 기다렸던 터이라 한량없이 기쁘기도 했지만 또 아쉬운 마음 금할 수 없었다.

귀향

그 이튿날 기숙사에서 그동안 쓰던 짐을 챙겼다. 그리고 첫 목회지(牧會地)로 결정된 곳 근처인 경주(慶州)로 직접 부쳤다. 다음날 삼 년간 섬기던 오하시한인교회에 가서 주일을 지키고 그동안 많은 사랑을 베풀어 준 교우들의 따뜻한 환송(歡送)을 받았다. 그 다음날 고베역(神戶驛)까지 전송 나온, 주로 부인 집사들이었지만, 성도들의 작별 인사를 받으며 고베를 떠났다. 이분들 중 몇 분은 해방(解放) 후 한국에서 다시 만나기도 했다.

시모노세키(下關)로 가는 기차는 오른쪽은 산(六甲山), 왼편은 해안을 끼고 북쪽에서 남쪽으로 향해 달린다.(고베는 부산같이 긴 항구도시이다.) 중앙고가철로(中央高架鐵路)를 달릴 때 지난 삼 년간 주일마다 교회를 다니며 드나들던 정든 시가지(市街地)가 내려다보였다. 남쪽 끝 시오야(鹽屋)의 외국인 별장지 위쪽에 자리 잡고 있는 간사이성서신학교를 뒤로하고 기차는 하염없이 달렸다. 학교는 점점 멀어지고, 드디어 시야에서 사라졌다. 기차는 고베를 등지고 히메지(姬路), 히로시마(廣島)를 지나 석양에 시모노세키에 도착하였다. 그동안 모두 열두 번 이 배를 탔는데, 이번이 마지막이었다. 그러나 마지막 탔을 때도 배 멀미는 여전하였다.

부산에 도착하여 진주행 기차를 타고 삼랑진(三浪津), 마산을 거쳐 진주에 도착하였다. 시내로 들어와 내가 가장 좋아하는 진주비빔밥을 오랜만에 맛있게 사 먹었다. 다시 함양 가는 버스를 타고 산청읍을 지나 고향 마을 한개 앞에 내렸다. 경호강을 나룻배로 건너 고개를 넘어 산길 소로(小路)를 걸어 동네에 들어섰다. 그때 마음은 한없이 설레었다. 정다운 고향, 보고 싶던 아내와 식구들. 집안에 들어서면서 "제가 왔습니다"라고 하니 온 식구들이 모두 뛰어나와 반가이 맞아 주었다. 큰집, 작은집, 모든 대소가(大小家) 집안식구들이 다 모여들었다. 나는 다시 동네를 돌며 집안 어른들께 일일이 인사를 다녔다.

다시 모교를 방문했을 때

그 후 수차 일본에 가 보고 싶었고 모교(母校)의 초청(招請)도 받았건만, 기회를 얻지 못해 한 번도 가 보지 못했다. 그러다가 1986년에 모교의 초청으로 한국에 있는 동창생들과 같이 모교를 방문하였다. 졸업 후 무려 사십삼 년 만의 일이었다. 너무나도 많이 변해 있었다. 전(前) 교장 사와무라 고로(澤村五郎) 선생님과 기타 여러 은사님들은 모두 세상을 떠나고 보이지 않아 매우 섭섭하였다. 현재 교장인 아리가(有賀) 선생과 교감 선생은 칠팔 년 전 한국에 다녀간 적이 있어 구면(舊面)이었으나, 그 이외에는 한 사람도 아는 이가 없었다. 아리가 선생은 내한 때에 내가 당시 교장으로 있던 서울 고려신학교에 오셔서 한 번 설교한 적이 있다.

아리가 교장 선생님은 우리가 방문했을 때 굉장히 반가이 맞아 주셨다. 특히 나에게는 특별히 호의를 베풀어 자기 집으로 초대하고, 또한 유

간사이성서신학교에서 열린 시오야성회. 1986년.
졸업 후 사십삼 년이 지난 1986년, 모교의 초청으로 한국의 동창생들과 같이 모교를 방문하여
크게 환대를 받았다. 마침 개최되고 있었던 간사이성서신학교의 전통적 집회인
시오야성회(塩屋聖會)에 동참하여 크게 은혜를 받았다.

숙(留宿)까지 하라고 하였으나 일행이 있는지라 사양하였다. 그 부인이 귀한 손님께 대접한다고 차(茶) 중에서도 최고라고 하면서 한국산 가공품인 인삼차(人蔘茶)를 대접하였다. 그리고 같이 간 일행 세 사람 중 내가 제일 후배인데도, 당시 개최되고 있던 전통적인 시오야성회(鹽屋聖會)에 대표로 인사를 하게 하였다. 사회자가 나를 소개하기를, 본교 출신으로 한국에서 총회장(總會長)과 서울 고려신학교 교장을 역임했다고 말해 천여 명이 박수로 환영하여 주었다. 오랜만에 일본말로 인사말을 하느라 진땀을 흘렸다.

경남지역의 진리운동

초기 한국 기독교의 상황

한국의 기독교는 조선 말, 1866년 8월 17일 토마스 선교사가 대동강(大同江) 강변에서 화형(火刑)으로 순교(殉敎)함으로써 시작되었다. 1884년 미국 북장로교의 언더우드 목사와 감리교의 아펜젤러 목사가 입국하였다. 본격적인 전도활동이 시작되어 1885년에 황해도 송천교회(松川敎會)를 시작으로 부흥이 일어났다. 1903년에 평양신학교(平壤神學校)가 설립되었고, 1907년에 첫 졸업생과 동시에 한국인 목사가 탄생하였다. 1907년 평양 장대현교회(章臺峴敎會)로부터 큰 회개운동(悔改運動)이 일어나 전국적으로 퍼졌는데, 이를 한국의 오순절성령운동(五旬節聖靈運動)이라 부른다. 1910년경에는 교회 수 오백 개, 신도 수 이십오만 명이었고, 교회학교(敎會學校) 수는 팔백스물세 개였다. 당시 일반 사회 학교는 스물다섯 개였다. 그리고 1911년경부터 일제의 교회 탄압이 서서히 시작되었다.

함양, 산청, 거창은 경남의 서북지역으로 내가 생장(生長)한 곳이다. 이 지역에 복음의 씨가 처음 뿌려진 것은 호주 선교사(宣敎師)들에 의해

서였다. 거창시찰부(居昌視察部)에서 활동한 선교사는 거열구, 심익순, 맹호은, 길아각, 도별익, 권임함, 고도열(내가 이분에게 세례를 받았다), 그리고 여자로서 신애미, 이이리개배, 위대서, 태시미, 덕순이, 김브란스, 이계익, 전은혜 등이 기록에서 확인할 수 있는 귀한 이름들이다.

초창기에 이 지역에서 복음을 전파한 이들은 선교사 이외에도 권서(勸書)와 순회전도사(巡廻傳道師)들이 있는데 그 활약이 대단했다. 순회전도사란 선교회에서 파송하여 지역 교회를 순회하면서 돌보는 전도사였다. 권서란 우리말로 번역된 성경, 찬송가, 교리문답(敎理問答), 십계명(十誡命), 사도신경(使徒信經) 등 소책자(小冊子)들을 시골 벽지를 돌며 팔면서 전도하는 분들이었다. 이것은 대단히 힘든 일이었다. 무거운 책들을 짊어지고 산을 넘고 강을 건너, 걸어 다니며 복음을 전파하였다. 우리나라 방방곡곡 이들이 미치지 않은 곳이 없었다. 그들은 때때로 교역자가 없는 교회에서는 예배를 인도하였고, 교회가 없는 곳에서는 길에서 전도하였다. 주남선 목사님도 거창과 그 인근 지역에서 권서 일을 하셨다.

안의교회(安義敎會)는 호주 선교사가 시작한 전형적인 교회이다. 안의교회는 서북경남 지역에서 가장 먼저 선 교회로, 내가 1946년도에 잠깐 시무한 바 있다. 이 교회는 1906년 여름 거창과 함양을 내왕하던 호주 선교사 심익순(沈翊瞬) 목사가 말을 타고 가다가 안의의 서원(書院) 마을(현재의 봉산리)에 당도하여 나무 그늘 아래에서 쉬면서 복음을 전했다. 유기도 씨와 정금산 씨(이분의 외손녀가 지금 내가 시무하는 강서교회 정순례 권사임)가 복음을 받고 1907년 4월 20일에 봉산리교회를 설립하였다. 1921년에는 야학회(夜學會)를 개최하여 여성도(女聖徒) 김성례 씨가 헌신봉사(獻身奉仕)하여 한글과 찬송과 성경을 가르치며 민족정신

(民族精神)을 일깨웠다. 이는 1925년 서오성 여선교사의 협조로 주간학교(晝間學校)로 전환되었고, 1927년 안의교회로 개칭되어 현재 위치로 오게 되었다.

아내가 시집살이하면서 다니던 생초교회(生草敎會)도 좋은 예이다. 대장간하던, 당시로는 미천한 신분의 사람이 호주 선교부에서 선교를 위해 운영하던 진주 배돈병원에 폐병으로 입원해 있던 중, 전도를 받아 교회를 개척하고 스스로 예배를 인도하고 있었던 것이다. 그때 교인들이 엎드려 기도하는 것을 보고 대장장이 같은 사람에게 절한다고 하며 사람들이 조롱하였던 것은 이미 말한 바 있다.

함양군 상남리(上南里)의 교회도 좋은 예이다. 근처 영각사(靈覺寺)라는 절에서 일하던 윤봉기(尹鳳基) 청년이 거창교회의 오형선 장로가 전도하여 교회에 나오게 되었다. 그는 그 마을 사립 보통학교에 교사로 취직해 있으면서 사람들을 모아 놓고 예배를 드렸다. 일 년 후 연합당회장(聯合堂會長) 이자익(李自益) 목사가 순회차 와서, 그날 예배 때 윤봉기 청년에게 학습(學習)을 세우고, 그날 저녁에 세례(洗禮)를 주고, 이어서 영수(領袖)로 임명하였다. 윤봉기 청년은 무엇이 어떻게 되었는지도 모르는 채 영수까지 되었다. 윤봉기 영수는 영수가 무엇인가 하고 이 목사에게 물었다. "영수가 무엇인지도 모르는 사람에게 영수를 주었구나. 영수는 집사를 다스리고 설교하고 교회를 살피는 직(職)이다"라고 대답하였다고 한다. 이같이 영수란 직분은 장로를 대리(代理)하는 직인데, 주로 예배를 인도하고 교회를 주관하는 직분이다. 지금은 이 제도는 없어졌다. 윤봉기 영수는 나중에 목사가 되어 서울중앙교회에서 시무하셨는데, 지금은 고인(故人)이 되었다.

나의 모교회인 함양교회(咸陽敎會)도 그러한 예의 교회이다. 1907년경 호주 선교사 심익순 목사와 김준관 전도사가 같이 이 지역에 전도하고, 작은 헛간에서 교회를 설립하였다. 그러나 한동안 교인이 흩어져 있었는데, 1916년경에 권서 주남선 씨가 교회를 돌보면서 교회는 다시 힘을 얻었고, 1919년 황보기 전도사가 처음 교역자로 시무하였고, 1936년에 강주선 전도사가 순회전도사로 부임하였다. 이즈음에 내가 이 교회에 나오게 되었던 것이다.

신사참배와 치욕의 역사

일본의 한국 식민지통치(植民地統治)가 끝나갈 무렵, 당시 일본 자신이 저질러 놓은 태평양전쟁(太平洋戰爭)이 패전을 하기 시작하면서 일본의 그 긴장감은 한국의 탄압을 통해 나타나기 시작했다. 이때 가장 악랄하게 표출(表出)된 탄압정치가 신사참배(神社參拜), 창씨개명(創氏改名), 그리고 일본어(日本語) 사용 등이었다. 그리고 한국 기독교에 관련해서 이 신사참배 문제로 많은 순교자(殉敎者)와 지조(志操) 있는 신앙인(信仰人)들이 나타났다. 신사참배는 당시 한국의 기독교를 실로 환란시대(患亂時代)로 몰아넣었다.

 1925년 서울 남산(南山)에 조선신궁(朝鮮神宮)이 건립되었고, 이어 전국 각 지방에도 신사(神社)가 건립되었다. 그리고 교회와 가정에도 가미다나(神棚)를 설치토록 강요하였다. 본격적인 신사참배 강요는 제2대 총독 우가키(宇垣一成) 시절, 1935년경 각급 학교로부터 시작되었다. 1937년 7월 중일전쟁(中日戰爭), 즉 지나사변(支那事變)을 일으킨 이후 이른바 내선일체(內鮮一體, 일본과 조선이 하나가 된다는 뜻)니 무엇이니 하면서 조선인(朝鮮人)으로 하여금 민족의식(民族意識)을 버리게 하는 반면, 황국신민화(皇國臣民化)를 적극 추진하였다. 이에 반발하는 기독교를 말살하기 위해 신사참배 강요를 시작했던 것이다.

　신사참배는 일본의 우상숭배(偶像崇拜) 행위인데, 일본국신(日本國神), 즉 천조대신(天照大神)을 비롯하여 역대 천황(天皇)들, 무사(武士)들, 국가공로자(國家功勞者)들, 순국군인(殉國軍人)들의 영(靈)들을 모신 신사(神社)에 절을 하는 것이다. 한국에 신사참배를 강요하게 되면서, 곧 반대운동이 나타나기 시작하였다. 1935년 10월, 평양의 숭실중학교(崇實中學校), 숭실전문학교(崇實專門學校), 숭의여학교(崇義女學校)에서 반대운동이 일어났다. 교장들은 평남지사(平南知事) 야스다케(安武道士)에 의해 즉각 면직(免職)되었다. 1936년 8월 간악하고 교활한 제3대 총독 미나미(南次郎)가 부임하면서 더 악랄한 통치가 시작되었다. 1937년 평양신학교가 폐교되었다. 그러나 한국 교회는 잠잠하지 않았다. 목사들은 설교를 통해 우상숭배를 배격하고 신자들의 마음속에 배일사상(排日思想)을 키웠다. 그러나 어느 시대를 막론하고 곡식 가운데 가라지도 있기 마련이다. 목사 중에도 시세(時勢)의 바람을 타고 날쌔게 일제에 아부하면서 일신(一身)을 보전(保全)하고자 했던 사람도 많았다.

해운대교회에서 일어난 불씨

1938년 3월, 경남도경찰국(慶南道警察局)에서 김길창, 김동선, 김영환 세 목사를 불러 요청하기를, 곧 모일 노회(老會)에서 자기들이 신사참배를 하기로 허락하고 왔다고 보고하게 하고 가결(可決)시켜 달라고 하였다. 그리고 이런 보고에 반대하는 자가 있다면 사복경찰이 사정없이 연행(連行)하겠다고 공갈을 쳤다. 이 소식을 들은 이약신(李約信), 한상동(韓尙東) 목사들은 걱정을 했으나 부결시키기로 의논이 되었다. 밤 여덟 시 개회예배(開會禮拜) 때부터 사복경찰들이 교회당 내에 깔렸다. 그날 밤, 예배를 끝낸 후 교회당 내에서 애절한 통곡(痛哭)의 기도 소리가 들려 왔다. 다음날 노회 시 김 목사가 신사참배 허락 보고를 했을 때, 한상동 목사가 받지 않기로 동의(動議)하고 이약신 목사가 재청(再請)해 순식간에 부결(否決)되고 말았다. 형사들은 뛰고 구르며 야단법석을 떨었다.

1938년 9월 노회 때, 주남선 목사, 한상동 목사 등은 예비검속(豫備檢束)을 당하였고, 같은 때 평양에서도 주기철 목사, 송영길 목사, 채정민 목사, 이기선 목사도 검속을 당하였다.

치욕의 날

1938년 9월 9일, 조선예수교장로회 제37회 총회는 평양 서문밖교회에서 모였는데 총대(總代)들은 대개 친일파(親日派) 목사, 장로들이었다. 9월 10일은 한국 교회 역사상 씻을 수 없는 치욕의 날이다. 그날, 함태영 목사가 "평양, 평서, 안주 3노회 연합대표 박응율 목사의 신사참배 결의 및 성명서 발표의 제안 건은 그대로 받아들이는 것이 가한 줄 아오며…" 하고 낭독하였다. 방위량 선교사, 권세열 선교사가 항의했으나, 옆 자리 일본 형사가 제지했고 회장도 이를 묵살하였다. 그러고는 그대로 가결되었다. 다시 한부선(韓富善, Bruce F. Hunt) 선교사가 항의했으나 형사가 끌고 나갔다. 총회 후 치욕스럽게도 김길창 부회장이 각 노회장들과 함께 총회를 대표해서 평양신사에 가서 참배했다.

이후 주남선 목사, 한상동 목사 등은 옥에 갇혔다가 고문을 받고 나왔다. 1940년 1월경부터 두 목사와 이인재 전도사는 경남 각 지역 교회를 순회하면서 성도들에게 신사참배에 반대하도록 역설하였다. 결국 그해 7월에 주남선 목사는 다시 검거되어 진주경찰서 유치장에 구금(拘禁)되었다. 여기에는 경남 각 지역에서 신사참배 반대운동하던 동지(同志)들이같이 잡혀와 모이게 되었다. 즉 황철도(黃哲道) 전도사는 창녕에서, 최덕지 전도사는 통영에서, 강문서(姜文瑞) 장로, 이봉원 권사, 강찬주 · 김여원 · 박성근 · 김점용 전도사들은 각각 하동, 합천, 진주 등지에서 붙들려 왔다. 이들 대부분은 그 후 부산을 거쳐 평양형무소로 옮겨 옥고(獄苦)를 치르다가, 해방과 더불어 1945년 8월 17일에 석방되었다.

신사참배 결의 후 조선예수교장로회 총회는 1943년 5월 5일 해산되었고, 5월 26일 경남노회(慶南老會)도 해산되었다. 성결교(聖潔敎), 침례교(浸禮敎), 안식교(安息敎)도 폐지당했다. 그 대신, 일본기독교단(日本基督敎團)으로 통칭(統稱)된 단체가 생겼고, 총리(總理)라는 직명(職名)이 주어져 운영케 되었다. 이 종교단체는 자연히 어용기관(御用機關)이 되고 말았다. 일본기독교단 경남교구장은 김길창(金吉昌) 목사였다.

팔일오해방과 한국 교회

1945년 8월 15일, 살아 있는 신(神)이라 자칭하던 일본 왕 히로히토(裕仁)가 울음 섞인 목소리로 항복을 선언하였다. 그 기세 좋던 일본인들은 부들부들 떨었다. 온 국민은 열광하여 대한독립만세(大韓獨立萬歲)를 불렀다. 옥문(獄門)이 열리고 옥중성도(獄中聖徒)들이 풀려 나왔다.

그러나 해방 직후 한국 교회는 일제강점기의 청산(淸算) 문제로 중앙으로부터 분열되기 시작하여 지방의 노회까지 그 영향을 받게 되었다. 1945년 9월 8일 서울 정동감리교회(貞洞監理敎會)에서 조선기독교(朝鮮基督敎) 남부대회(南部大會)라는 이름으로 모였으나 왜정이 어용단체로 만들어 놓았던 조선기독교단(朝鮮基督敎團)에 참여했던 인사들이 모였던 터라 결국 유산되고 말았다. 그래서 각 교단(敎團)들도 제각기 모이게 되었다. 장로교(長老敎)도 1946년 6월 서울 승동교회(勝洞敎會)에서 장로교 남부총회(南部總會)라는 이름으로 모였다. 회장으로는 당시 전주 서문교회(西門敎會) 배은희(裵恩希) 목사가 선출되었다. 주요 결의는 제37회 총회에서 신사참배하기로 결의한 것을 취소하고, 총회 횟수(回數)는 제32회로 했으며 조선신학교(朝鮮神學校)를 총회 직영(直營) 신학교로 가결한 것이다.

경남노회에서도 재건운동(再建運動)이 일어났다. 1945년 9월 2일 부산시 교회 연합예배가 모이고 최재화 목사, 노진현 목사, 심문태 목사 등이 모인 신앙부흥운동준비위원회(信仰復興運動準備委員會)가 조직되었다. 9월 16일에 경남재건노회(慶南再建老會)가 조직되었고, 교직자들의 자숙안(自肅案)이 다음과 같이 제출되었다.

1. 목사, 장로 들은 일제히 자숙에 들어가며, 현 시무(視務)하는 교회를 일단 사면(辭免)할 것.
2. 자숙기간이 지나면 교회는 교직자에 대하여 시무투표(視務投票)를 하여 그 진퇴(進退)를 결정할 것.

그러나 이 자숙안은 신사참배에 앞장섰던 그 똑똑한 사람들의 궤변(詭辯)으로 인하여 잘 시행되지 않았다. 그들은 회개(悔改)의 기색을 보이지 않고, 도리어 교권(敎權)을 장악하려 하였다.

이러한 어지러운 상황 속에서 1945년 11월 3일 제47회 경남노회가 모였다. 대단히 시끄러운 분위기였다. 그러나 회장에는 주남선 목사가 선출되었는데, 이에는 누구도 반대하지 않았다. 경건회(敬虔會) 시간에는 자복(自服)하고 통회(痛悔)하는 소리가 교회당을 가득 채웠다.

그러나 다음 해 1946년 12월 3일 제48회 경남노회에서 신사참배를 합법적으로 주장했던 김길창 목사가 회장으로 당선되면서 상황은 돌변했다. 그들 일파는 옥중성도(獄中聖徒)들에 대해 반기(反旗)를 들었다. 그리고 주남선 목사와 한상동 목사가 어렵게 시작한 보수정통신학(保守正統神學)을 위한 고려신학교(高麗神學校)에 대한 인정(認定)을 취소하고 노회가 신학생을 추천해 주지 않기로 결의했다. 역사는 언제나 불의(不義)의 몇 사람들이 들어 굴곡(屈曲)을 만든다고 생각된다. 한상동 목사는 부패한 경남노회를 탈퇴한다고 선언했다. 고려신학교는 고아같이 외롭게 되었고, 온갖 오해와 중상모략(中傷謀略), 수모(受侮)를 받았다.

고려신학교(高麗神學校) 설립

조선신학교(朝鮮神學校)는 한국에서의 신신학(新神學)의 중심 인물인 김재준(金在俊) 목사가 이끄는 학교였다. 그는 그때까지 숨어 지내다가 이제 때를 만나 대담하고 노골적으로 평양신학(平壤神學)과 박형룡(朴亨龍) 박사의 보수정통신학을 비판하고 비난하였으며, 신신학과 고등비평(高等批評)을 가르치고 성경유오설(聖經有誤說, 성경에도 오류가 있을 수 있다는 이론)을 주장하였다. 그는 한국 교회가 용납할 수 없는 사상(思想)을 가진 분이었다. 여기에 맞서 고려신학교가 설립된 것이다.

1946년 4월 평양 산정현교회(山亭峴敎會)에서 시무하고 있던 한상동 목사가 거창 주남선 목사를 찾아왔다. 서로 의논하기를 "교회를 바로 세우기 위해 먼저 신학(神學)이 바로 되어야 하는데, 서울의 조선신학교가 신신학을 가르치기 시작하고 있는 반면, 평양신학교(平壤神學校)가 문을 닫은 상태인지라, 평양신학교의 정신(精神)과 그 신학을 계승(繼承)할 신학교가 남쪽에 있어야겠다. 하나님이 우리를 옥중에서 불러가지 않으시고, 살려 내보내신 것은 이 일, 즉 신학교 설립을 위함이 아니겠습니까"

하였다. 그리하여 만주 동북신학교(東北神學校)에서 서울로 옮겨와 있던 박윤선(朴允善) 목사와 더불어 1946년 5월 20일 신학교 설립을 위한 기성회(期成會)를 조직하고, 6월 23일 진해(鎭海)에서 신학강좌(神學講座)를 열었다. 7월 9일 회장 주남선 목사는 경남노회 임시총회를 열어 고려신학교 설립을 노회가 인정하고 협조하도록 결의하였다. 9월 20일 부산진일신여학교(釜山鎭日新女學校)에서 고려신학교 개교식(開校式)이 개최되었다.

고려신학교에 보수정통신학을 강화하기 위하여 당시 만주 봉천(奉天)에 있는 박형룡 박사를 교장(校長)으로 초청하기로 하였다. 그리하여 송상석(宋相錫) 목사를 만주로 파견하여 모시고 오도록 하였다. 송 목사는 비장한 각오를 가지고 인천에서 만주 여순행 배를 타고 황해(黃海)를 건너 봉천으로 가서 박 목사를 모시고 다시 같은 경로를 거쳐 인천에 도착하니, 그때가 1947년 9월 23일이었다.

박 박사는 과거 신사참배를 반대하다가 일본 도쿄 무사시노로 망명(亡命)을 하였는데 당시 나도 도쿄에서 공부하고 있을 때였다. 그때 박 박사를 찾아뵈었을 때 나에게 하신 말씀이 있다. 당시 도쿄 다마가와에 있는 일치신학교(一致神學校)도 보수신학이니 그 신학교에 가서 공부해도 좋다고 하신 말씀을 지금도 기억한다. 이후 박 박사는 시국이 어려워지자 만주로 가서 봉천신학교(奉天神學校) 교장으로 있다가 해방 후 고려신학교로 오신 것이다.

고려신학교가 박형룡 박사를 모시러 송 목사를 파견한다는 소식을 듣고 서울 조선신학교에 재학 중이던 보수주의 신학을 따르는 쉰한 명의 학생들은 한국의 신학계(神學界)를 보수정통으로 인도해 달라는 장문의 호소문(呼訴文)을 작성하여 송 목사 편으로 박 박사에게 보냈다. 그 호소문에는 한국 교회의 혼란, 신학사상의 좌경화(左傾化), 조선신학교와 오십일 인의 상황(狀況), 고려신학교의 위치, 박 박사의 귀국 필요성이 내용으로 들어 있었다. 오십일 인은 박 박사가 귀국하면 지방인 부산으로 가지 말고 고려신학교와 합하여 서울에서 단일(單一) 신학교로 발족(發足)할 것을 송 목사와 합의(合議)하고 갔다고 한다. 그 후 조선신학교의 오십일 인은 고려신학교 측과 여러 번 회합을 가지고 박 박사를 교장으로 모시고 서울에서 전국적 신학교를 시작하자고 주장하였으나 이루어지지 못했다. 박 박사도 일단 부산으로 가는 것이 마땅한 도리(道理)라고 하면서, 오십일 인 역시 자기를 따라 부산으로 가자고 하였다. 그리하여 전원이 다 못 내려가고 약 마흔 명이 부산 고려신학교로 합류(合流)하였다. 1947년 10월 14일 박 박사는 전국의 보수주의 신앙인들의 대환영 속에 고려신학교 교장에 취임하였다.

분열

박 박사가 고려신학교 교장에 취임한 후 처음에는 외견상 만족스럽고 활발하게 보였으나, 얼마 가지 못하여 박 박사와 한상동 목사 사이에, 신학이나 신앙에 있어 차이가 없었으나 그 방향이나 방법에 있어 차이가 나타나기 시작하였다. 박 박사는 아무래도 신학교가 중앙(中央), 즉 서울로 가야겠다고 생각했다. 그러나 한상동 목사는 언제인가는 서울로 가야 할 때가 있겠으나 아직은 시기상조(時機尙早)라고 생각하였다. 특히 서울로부터 박 박사를 따라온 학생들은 계속 박 박사에게 서울로 가자고 간청하였다. 결국 박 박사는 자기와 한 목사 간에는 총회와 신학교에 대한 정책적인 문제에 있어 이견(異見)을 철저히 해소(解消)할 수 없다는 것을 발견했다. 결국 고려신학교 교장 직을 사임하고 서울에서 전국 교회를 상대로 새로운 신학교를 설립하겠다고 결심하고 상경(上京)하고 말았다. 그리하여 유감스럽게도 보수적인 한국 교회는 나누어지고 말았다. 당시에 합해서 힘을 모았다면 얼마나 좋을 뻔했는가 하는 개탄(慨嘆)이 얼마나 많았는지 모른다.

이렇게 하여 박 박사가 서울에 장로회신학교(長老會神學校)를 세웠다. 경남노회는 문자 그대로 삼분오열(三分五裂)이 되었다. 즉 고려신학교를 지지하는 경남노회, 조선신학교를 지지하는 삼분노회(三分老會), 그리고 장로회신학교를 지지하는 중간노회(中間老會) 셋으로 나누어졌고, 노회는 경남법통노회(慶南法統老會), 세 개의 삼분노회, 그리고 중간노회로서 모두 다섯 개 노회가 있게 되었다. 삼분노회란 경남지역을 책략적(策略的)으로 세 개 지역으로 나누어 노회를 각각 설립했기 때문에 붙여진 이름이다.

이렇게 되고 보니, 1950년 제36회 총회 때 경남지역에서 다섯 개 노회로부터 총대(總代)가 올라왔다. 총회 서기(書記)가 어느 노회를 경남노회 총대로 받을 것인지 결정을 못한 채 총회가 개최되었다. 그러니 총대 호명(呼名)에 회원자격 문제로 개회 벽두부터 일대 논란(論難)이 일어났다. 결국 중간노회가 채택되었다. 그리하여 경남법통노회는 총회로부터 깨끗이 잘리고 말았다. 또 한편, 보수주의적인 오십일 인 학생들이 제출한 진정서와 신신학의 조선신학교 김재준 교수의 진술서로 말미암아 일대 난투(亂鬪)가 벌어져 무장경찰(武裝警察)이 출동하는 바람에 총회는 비상정회(非常停會)가 되고 말았다. 이리하여 한국 장로교회(長老敎會)는 분열이라는 치욕의 역사를 남겼다. 전국에서 모여든 총대들은 아픈 가슴을 안고 돌아갔다.

제36회 총회에서 잘린 경남법통노회는 이후 총노회(總老會)로 모이고, 나중 총회로 발전되었다. 이때 총노회장은 이약신 목사였고, 제1대 총회장도 이약신 목사였다. 고려신학교는 이 총회에서 인준(認准)을 받았고, 총회 직영 신학교가 되었다. 고려신학교는 크게 발전하여, 나중에는 이 신학교가 모체가 되어 고신대학(高神大學)이 되어 문교부(文敎部)의 인가를 받았고, 장기려(張起呂) 박사가 세우고 키워 온 복음병원(福音病院)을 모체로 의과대학(醫科大學)이 설립되었다. 현재 신학대학원(神學大學院)까지 인가를 받아 대규모의 학교기관이 되었다. 그 재단의 재산도 백억이 넘는다. 교단의 교세(敎勢)도 천수백의 교회로 발전하게 되었다.

이것이 이른바 고려파(高麗派) 교단이 태동(胎動)하게 된 역사이다. 그것은 신사참배(神社參拜) 반대와 옥중성도의 전통(傳統)을 따라 경남지역에서 도도히 흘러내려 온 진리운동(眞理運動)의 결과였다.

그러나 문제는 그것으로 끝나지 않았다. 교단이 총회파와 고려파로 분열되니, 지교회(支敎會)도 그 영향을 받아 분열되기 시작하였다. 교회가 하나로 합심(合心)된 교회는 문제가 없었으나, 교인이나 장로들, 그리고 목사들 사이에 따르는 바가 다르면 분열의 진통(陣痛)을 겪었다. 말하자면, 교회가 고려파와 총회파의 두 파(派)로 갈라져 싸움이 일어났던 것이다. 그리고는 대개 한 파가 분리해 나와 새 교회를 세우게 됨으로써 그 싸움은 끝이 났다.

나는 집안의 가풍(家風)도 그러하거니와 일본에서 신학을 공부할 때부터 보수적이고 정통적인 성경중심적(聖經中心的)인 공부를 하였고, 내가 흠모하던 주남선 목사님을 중심으로 한 서북경남의 신사참배 반대와 관련된 순교자적인 절조(節操)를 지키는 진리운동에 일찍부터 공감(共感)하여 왔고, 고려신학교 초창기에 박윤선 목사님의 가르침에 크게 은혜 받은 바 있어, 주저 없이 고려파운동(高麗派運動)에 참여하게 되었고, 지금까지 변함없이 이 한길을 걸어왔다.

두 분 목사님

이즈음 내가 신학을 하면서 나의 신앙노선(信仰路線)에 크게 영향을 주신 두 분 선배 목사님에 대해 쓰고자 한다.

주남선(朱南善) 목사님

나는, 서북경남 지역의 신앙은 주남선 목사님의 지도로 성장해 왔다고 해도 과언은 아니라고 믿는다. 주 목사님은 특히 나를 위해 기도해 주신 분으로, 만나기는 나중이었지만 그 전에도 일찍부터 그분의 신앙을 흠모하여 영향을 받았다.

1908년 거창에 복음의 씨앗이 뿌려졌다. 어느 장날, 거리를 다니며 전도하는 사람이 있어, 그 말을 들은 군수 비서였던 주남선, 장터를 돌며 담뱃대를 팔던 조재룡, 그리고 금광(金鑛)을 하던 오형선 등 세 사람이 모여 거창교회를 설립했다. 호주에서 온 선교사 맹호은 목사, 길아각 목사들이 교회를 지도하였다. 그 후 주남선 청년은 신앙이 더욱 불타올라 진주에 있는 경남성경학교(慶南聖經學校)와 평양신학교(平壤神學校)에서 공부했다. 이때 주기철 목사와 같이 공부했다. 그러나 경제적으로 어려워 그동안 그는 권서(勸書) 일을 하면서 십 년에 걸쳐 신학공부를 하였다.

주 목사님은 거창을 중심으로 함양, 합천 등지로 권서 일을 다니셨다. 그때 주 목사님이 겪은 고생, 하나님의 도우심, 그리고 기적과 같은 이야기들이 많이 전해 온다. 1930년 9월에 주남선 전도사는 목사가 되셨고,

1931년 거창교회에 위임목사(委任牧師)가 되셨다. 이후 주 목사님은 강인한 배일사상(排日思想)으로 감시와 핍박을 받다가 결국 신사참배 반대로 거창유치장에 갇히고 말았다. 이후 변함없는 신사참배 반대활동으로 나중에는 평양형무소에 수감되었다가 해방 때 풀려나오셨다. 경남노회 재건(再建)에 따라 회장을 맡았고, 또한 한상동 목사, 박윤선 목사와 더불어 고려신학교를 설립하셨다. 육이오동란 중에도 인근 지역을 순회하면서 설교하였으며, 결국 건강이 악화되어 1951년 3월 23일 향년 육십사세를 일기로 눈을 감으셨다. 묘비(墓碑)에는 "그때에 의인(義人)들은 자기 아버지 나라에서 해와 같이 빛나리라(마 13: 43)"라고 새겨져 있다.

서북경남 지역 교회는 이와 같이 주남선 목사의 신앙의 지도를 받아 성장하였다. 육이오동란 중에도 교역자 수양회가 모였을 정도이며, 박기천(朴基天) 전도사와 배추달(裵秋達) 집사 같은 순교자(殉敎者)도 나왔다.

나와 주 목사님과의 관계는 특이하다. 평소 이야기만 듣고 마음으로 존경한 것뿐이요, 직접 뵈옵기는 나중이었다. 내가 평신도로 함양교회에 다닐 때, 주 목사님이 일시 출옥(出獄)하여, 안의(安義) 농월정(弄月亭)에서 모인 거창시찰(居昌視察) 내 교역자들의 모임에 오신다고 해서, 나도 만사를 제쳐 놓고 교역자도 아니면서 염치 불구하고 참석하였다. 그 야윈 얼굴, 약한 몸, 작은 음성 한마디 한마디 모두가 예수님같이 거룩하게 보였다. 나는 처음부터 마지막 시간까지 참석했는데, 큰 은혜의 시간을 보냈다. 그 후 뵈올 길이 없었는데, 해방 후 내가 사근교회(沙斤敎會)에 잠시 머물 때 뵙게 되었다. 지금도 잊을 수가 없다.

1945년 12월 어느 날, 뜻밖에 주 목사님이 문밖에서 "여기 민영완이라는 분이 있습니까?" 하고 찾았다. 나는 놀라서 "목사님, 웬일이십니까?

어서 들어오십시오" 하고 맞아들였다. 목사님이 "나를 알겠는가" 하셔서 내가 잘 안다고 하였다. 말씀하시기를, 당신께서 진주경찰서 유치장에 있을 때 한 청년에게 전도를 했는데, 그 청년이 말하기를, 자기는 어떻게 하다가 유치장에 있으나 자기에게는 자랑스러운 동생이 하나 있는데 도쿄에서 신학을 하고 있다고 하면서 눈물을 글썽였다는 것이었다. 그때 내 형님은, 내가 일본 유학을 떠나면서 맡겨 드린 호신상회를 운영하고 있었는데, 그 후 일본인들이 악독한 통제경제(統制經濟)를 시행하는 통에 암거래(暗去來)라는 사항에 걸려 고생을 죽도록 하고, 그 벌금으로 재산을 다 뺏기게 되었다. 당시 조선인들의 재산은 이런 악랄한 수법에 걸려 착취당하였다. 주 목사님은 그때부터 알지 못하는 나를 위해 기도해 왔으며, 그날도 일부러 찾아와 보았다고 하시었다. 나는 정말로 감사했다. 아무도, 심지어 가족까지도 예수 믿는 것을 이해해 주기는커녕 반대하고 있는데, 이렇게 훌륭한 목사님이 나를 위해 일이 년도 아니고 육칠 년 동안이나 기도해 주시었고, 또 앞으로도 기도해 주실 것을 생각하니 굉장히 기쁘고 감사하였다. 내가 그 어려운 가운데서도 신학을 무난히 마치게 된 것도 그 이면(裏面)에는 하나님만이 아시는 충성된 종의 기도가 있었다는 것을 생각할 때 나의 나 된 것이 하나님의 은혜인 것을 더욱 확신하였다. 주 목사님은 나의 간곡한 만류에도 불구하고 섭섭하게도 그 추운 길은 떠나시면서, "복음전파(福音傳播)는 고난(苦難)의 길이요, 좁고 험하여 가는 자가 적습니다. 그러나 이 길은 생명의 길이니, 끝까지 참고 견디면서 충성(忠誠)하시오. 더욱 기도하겠습니다"라고 하셨는데, 지금도 생생하게 기억에 남아 있다.

박윤선(朴允善) 목사님

박윤선 목사님으로부터도 굉장히 배운 것이 많고 또 큰 영향을 받았다. 박 목사님은 1905년 12월 11일생으로, 평안북도 철산군 백량면 장평동에서 태어나시었고, 이십육 세에 평양숭실전문학교 영문과를 나와 1934년 평양신학교를 졸업하시고, 1936년 미국 웨스트민스터신학교와 1953년 네덜란드 자유대학에서 수학하셨다.

1946년에 고려신학교(高麗神學校) 초대 교장으로 취임하여 고려신학교의 신학적 토대를 놓으셨다. 개혁주의(改革主義)에 따라 성경에 충실한 신학교육을 하셨다. 그 외 만주신학교, 서울총회신학교, 부산총회신학교 등 한국의 신학교육을 위해 헌신(獻身)하셨다. 1945년 계시록주석(啓示錄註釋)의 출판을 시작으로 1979년까지 신구약 예순여섯 권 전 성경주석(聖經註釋) 스무 권을 완간하셨다. 임종이 가까웠을 때, "내가 죽으면 설교(說敎)를 못 할 것을 생각하니 제일 섭섭하다"고 말씀하실 만큼 설교를 좋아하셨으며, 그 설교는 만인을 감동시켰다. 생명을 걸고 전심전력(全心全力) 외치는 설교는 은혜 충만한 설교였다. 나는 박 목사님의 목숨을 걸고 하시는 설교에 영향을 대단히 많이 받았음을 솔직히 고백한다. 특히 해방 후 구포교회에 시무하면서 고려신학교 청강(聽講)을 다녔던 시절에 박 목사님으로부터 받은 은혜는 이루 말할 수 없다.

목회의 시작

첫 부임지 인동교회(仁洞敎會)

내가 일본에서 신학교를 졸업할 즈음에 강주선 목사가 김동선 목사에게 부탁한 결과, 창원군 상남교회(上南敎會)를 부임지로 소개받았다. 썩 마음에 내키지 않던 차에 조경우 목사가 인동교회를 소개하였다. 마음에, 이곳은 시끄럽고 어지러운 일제(日帝) 말의 시국(時局) 중에 우선 형편될 때까지 조용히 지내기에 알맞은 곳이라 생각하고, 하나님의 인도(引導)하심인 줄 알고 부임하기로 허락하였다. 수일간 쉬면서 필요한 것만 싸서 화물로 부치고 아내를 데리고 떠났다.

여러 가지 생각이 났다. 첫째, 그토록 원했던 목사의 길이 이루어져 그 장도(壯途)에 오르게 되니, 한편 감사하기 한이 없었고, 둘째, 한편 아내로서는 그동안 층층시하(層層侍下), 대소가 대가족 중에서 남편 없는 시집살이 십 년이 끝나게 될 뿐 아니라, 십 리 길을 걸어 다니며 신앙생활을 하면서 몇 년간 나의 유학비(留學費)를 구해 보내던, 그 어렵고 외로운 생활에서 벗어나게 된 것 또한 감개무량한 일이었다.

첫 부임지였던 인동교회. 1943년 5월 16일.
1943년 귀국하여 조경우 목사의 소개로 경주군 강동면 인동리에 소재한 인동교회에 부임, 첫 목회를 시작하였다.

1943년 4월 어느 날, 부모님과 대소가 어른들에게 하직 인사를 드리고 동리를 떠나 그 길로 처가로 가서 며칠 쉬었다. 인동교회의 이성애 장로와 만나기로 약속한 날짜에 부산에 가서 만나 해운대에서 점심 식사를 하고, 온천에서 목욕을 하고 그날 석양에 인동을 향해 기차를 타고 달렸다. 인동역에 내리니 몇몇 교인들이 마중을 나와 주었다.

  교회당은 경주군 강동면 인동리(慶州郡 江東面 仁洞里)에 있었는데, 경주에서 포항으로 가는 국도 중간 지점의 철로(鐵路) 옆에 있었다. 아담하게 깨끗이 지은 건평 약 이십 평되는 목조건물(木造建物)이었다. 사택(私宅)은 그 옆에 네 칸 기와집으로, 방이 두 개, 큰마루, 부엌, 앞마루에 뜰이 있고 채소밭이 있어, 시골 교회 사택으로는 참한 집이었다. 인동은 동리 호수(戶數)가 팔십여 호로 한 달에 여섯 번씩 장터가 서는 곳이었다. 이성애 장로는 그곳에서 큰 과수원을 하는 상당한 부자로, 그의 아버지는 초대 한국교회의 유명한 이만집 목사였다. 이 장로도 나중에 신학을 하고 목사가 되어 인천(仁川) 지방에서 일을 했는데, 지금은 은퇴했다.

  인동교회는 이 장로 댁 대소 가족이 중심이 되어 개척(開拓)한 교회인데, 근처 동네에서 교인들이 모여 교세(敎勢)는 약 오륙십 명이었다. 그때 십 리 떨어져 있던 안강교회(安康敎會)에 조선출(趙善出) 목사가 시무하고 있었고, 불국사교회(佛國寺敎會)에 김정준(金正俊) 목사가 시무하고 있어, 서로 종종 만나 같이 시간을 보내며 대화했고, 또 어려울 때 서로 격려하고 도왔다.

  시국은 점점 더 어려워져 가, 일본(日本) 당국과 타협하지 않고는 교역(敎役)하기가 대단히 어려웠다. 경찰은 종종 찾아와서 괴롭혔고, 또 언제 서(署)로 갑시다 할지 두려웠다. 나는 특히 책이 많아 더욱 주목(注目)을 받았는데, 이때 한국인으로 지도적 위치에 있는 지식인(知識人)들이 감시의 대상이 되고 있었기 때문이다. 그런 중에서도 경주나 포항으로 나가기까지는 신사(神社)가 없어 신사참배 문제는 별로 없어 다행이었다. 또 한 가지 도움은, 집사 한 분이 그 동리 이장(里長)이라 면(面)의 유지(有志) 모임 때 말을 잘 해서 여러 가지 행사에 빠지게 해 주었다. 그러나 아내는 몸뻬 옷을 입고 동리 보국대(保國隊) 작업에 나가지 않을 수 없었다.

당시 조선인은 어떤 모임이든지 간에, 국기경례(國旗敬禮), 황거요배(皇居遙拜) 등등 황국신민(皇國臣民)으로서 반드시 국민의례(國民儀禮)를 해야 했다. 심지어 교회에서도 주일예배 시작하기 전에 국민의례를 하도록 강요하였다. 일제(日帝)에 타협, 아부하는 친일파(親日派) 목사들은 이를 시행했을 뿐 아니라, 교회당 뒷벽에 가미다나(神棚)를 걸어 놓기도 하였다. 책이나 사진 중에 서양인(西洋人)이 있으면 무조건 압수당했다. 나도 당시 일본의 신학자(神學者)로서 유명한 우치무라 간조(內村鑑三) 씨를 존경하고 있었는데, 그가 반전론자(反戰論者)라 하여 그의 책 전집(全集)은 모두 압수당했다. 또한 사회복음주의자(社會福音主義者) 가가와 도요히코(賀川豊彦)의 책들과 잡지인 『성서조선(聖書朝鮮)』(주간 김교신, 함석헌)도 우치무라 계통이라 해서 다 압수당했다. 그 잡지 또한 폐간되는 형편이었다.

한번은 시장에서 장사하는 일본인이 한국인을 차별하는 등 너무 못되게 굴어서 야단을 친 적이 있는데, 이것이 문제가 되어 더욱 경찰의 주목을 받았다. 이 일로 인하여 고심을 하다 보니 회의가 느껴졌다. 즉 순수하게 복음(福音)을 전해야 할 내가 민족적 의분(義憤)이 무슨 필요가 있는가 하는 것이었다. 이것이 후회(後悔)가 되고 고민하다 보니 사흘 간이나 자신도 모르게 금식(禁食)이 되었다. 사흘째 되던 날, 아내가 흰죽을

한 그릇 끓여 가지고 와서 먹으라고 강권하기에, 기도를 하고 눈을 떠 보니 흰죽 그릇에 벌건 피가 있었다. 깜짝 놀랐다. 코피가 터진 것이다. 나는 이런 작은 고민에도 코피가 터졌건만, 우리 주님께서는 땀에 피가 배어날 정도였으니, 그 고통이 얼마나 했겠는가 실감이 났다. 그해 한 해를 채우기가 너무 힘들어 더 이상 버티지 못해, 나중 생각하니 다소 성급한 처사였다고 후회되나, 12월 초에 인동교회를 사면하고 인근 안강(安康)으로 옮겨갔다.

암담한 생활

안강으로 옮겼으나 생활은 암담하였다. 그러던 중에 내 가정에 경사(慶事)가 났다. 안강으로 옮긴 지 며칠 후인 1944년 1월 1일 아침 여덟시, 신년벽두(新年劈頭)에 큰아들 성길(聖吉)이 태어났다. 우리 부부뿐 아니라, 친가(親家), 외가(外家)에서 십 년이 넘도록 기다렸던 아들이었다. 출산(出産) 시에 조선출 목사 부인이었던 이영복 씨가 조산(助産)해 주었는데, 그분은 세브란스간호학교를 나와 대구 동산기독병원(東山基督病院) 간호원으로 있었고, 나중에 이화여자대학교 간호대학장(看護大學長)을 지냈다.

특히 외갓집에서는 삼대(三代) 만에 첫 외손자(外孫子)를 보았다고 온 집안식구들이 기뻐했고, 그 후에도 큰 사랑을 받았다. 친할아버지도 큰 아이를 매우 귀여워했다. "사자가 가로되, 하나님이 나로 웃게 하시니 듣는 자가 다 나와 함께 웃으리로다"(창세기 21장 6절)와 같이 우리 집안 모두가 다 기뻐하였다. 처가에 출산을 알리는 전보를 쳤다. 그때는 교통이 너무나 불편했던 때라, 전보를 받고 장모님과 우리 부부와 동갑인 처삼촌(妻三寸)이 즉시 출발했는데도 삼 일 만에 겨우 안강에 도착하였다.

큰아들 성길과 작은아들 현식. 1947년.
인동교회에 부임하면서, 우리는 십 년 시집살이를 끝으로 분가하였고,
1944년 1월 1일 아침 여덟시, 신년벽두에 큰아들 성길이 태어났다.
우리 부부는 물론 친·외가 모든 식구들의 큰 기쁨이었다.
안의교회에서 시무하던 1946년 10월 21일에는 작은아들 현식,
구포교회에서 시무하던 1948년 8월 13일 막내 성희가 태어났다.
작은아들 현식의 백일 기념사진이다.

그때 물품이 귀한 때라, 미역 같은 귀한 음식을 그 추운 때 갖고 오시느라 수고가 많으셨고, 우리는 대단히 고맙게 받았다.

안강에는 더 이상 머무를 이유가 없어 산후(産後) 삼십오 일 만에 마산(馬山)으로 옮겨갔다. 그리고 하나님의 인도하심을 기다렸다. 일본의 탄압은 거세어져 시국은 날로 어려워져 갔다. 참으로 암담한 세월이었다. 꿈도 계획도 소용이 없는 것 같았다. 그날그날 살아가기에도 불안하였다. 모든 사람이 다 고통을 받았다. 단지 서로 위로하고, 기도하고, 내일 일은 내일 염려하고, 한 날의 괴로움은 그날로 족한 줄 알고, 모든 것 다 주께 맡기고 살아가는 생활이었다. 이런 생활이 일 년간 계속되었다. 추억에 남아 있는 일은, 알고 지내던 전판진 집사가 거하는 농막(農幕)에 가서 밤이 새도록 목이 터지게 찬송과 기도를 드린 일이다.

한번은 밤중에 폭탄(爆彈) 소리가 마산 천지를 진동(震動)시켰다. 모든 시민이 놀라 깨었다. 나중에 알고 보니, 미군(美軍) 폭격기가 마산 앞바다에 있는 돝섬을 군함인 줄 알고 폭탄을 던진 것이었다. 이때부터 마산 사람들은 겁을 내어 시골로 소개(疏開)하기 시작했다. 우리 부부도 아기를 데리고 마산에서 육십 리 떨어진 양촌(良村) 처갓집으로 갔다.

양촌 처갓집으로 옮긴 지 며칠 만에 팔일오해방을 맞이하였다. 모두들 굉장히 기뻐했다. 목이 터져라 만세(萬歲)를 불렀다.

지난 일을 생각하면 나는 이중삼중으로 고생을 해왔다. 이제 해방이 되어, 정치적 해방뿐 아니라 신앙의 자유까지 얻었으니 그 기쁨도 이중으로 컸다. 영육(靈肉) 간에 해방이요 자유이니, 무엇으로 다 감사하겠는가. 찬송가 83장같이 "밤낮을 불러서 찬송을 드려도 아쉬울 뿐"이었다.

사근교회(沙斤敎會) 시절

해방이 되자마자 고향 근처에 있는 사근교회 정순종 집사가 찾아와서 이유 불문하고 무조건 사근으로 가자는 것이었다. 사근교회는 전에 내가 집회(集會) 중에 함양경찰서로 잡혀갔던 그 교회이다. 이제 해방이 되었으니 얼마든지 큰 교회로 갈 수 있었다. 또 과거 친일파(親日派) 목사들이 물러가고 있을 때여서, 여러 교회에서 소개가 들어오고 있기 때문에 마음껏 선택해서 갈 수 있는 상황이었다. 그러나 정 집사는 큰 교회로 가기 전에 약(弱)한 사근교회를 살려 놓고 가라는 부탁이었다. 그는 말하기를 "무리해서 오래 붙들지 않겠다. 또 오랫동안 붙들 형편도 안 된다. 그러나 잠시라도 한번 거쳐 가 주면 교회부흥에 도움이 되겠다"는 것이었다. 밤잠을 자지 않고 간청(懇請)하니 참으로 고민이 되었다. 이제는 고생도, 십자가(十字架)도 다 물러가고 마음껏 큰 곳에서 일할 수 있게 되었다고 생각하던 차에 이런 간청을 받으니, "주를 위하고 복음(福音)을 위한다면 큰 교회, 작은 교회 구별할 수가 있겠는가", "사나 죽으나 주의 것이니 살든지 죽든지 주를 위해 산다고 기도하며 서원(誓願)하던 내가 아니던가", "약하고 고생되고 체면(體面) 안 선다고 안 갈 수 있을까" 하고 이틀간이나 고민하였다. (나중에 사근교회 있을 때, 고향 친구가 와서 하는 말이, 일본까지 가서 공부한 사람이 어찌 이런 교회에 왔는가 하였다.) 바로 그날 밤 기도하던 중, 바울에게 나타난 환상(幻像)을 생각하게 되었다. 즉 마게도냐 사람 하나가 나타나 청하기를 "마게도냐로 건너와서 우리를 도우라" 해서 바울이 아시아 전도(傳道)를 포기하고 즉시 마게도냐로 간 사실을 기억하고, 나도 사근교회로 가기로 결단을 내렸다.

사근교회는 교인이 몇 명 되지 않았고 예배당도 토담 초가집으로 열 평 정도의 헛간 집이었다. 전등도 없었고, 물론 사택도 없었다. 마침 그

동네 한지의사(限地醫師) 부인이 기독교를 믿는 사람으로 진주 봉래교회 김 장로 따님이라, 쓰지 않는 아래채를 하나 주어 임시로 우리 식구들이 거처(居處)로 삼았다. 사근교회 설립 후 처음 교역자로 모시는 터라 몇 사람 안 되는 교인들이었지만 정말 기뻐했다. 그러나 모두들 너무 가난하여 약 십 개월 시무하였으나 사례금을 별로 받아 본 적이 없고, 성미(誠米)라고 해서 가끔 조금씩 가져오는데, 일정하지가 않았다. 그러나 옛날 이곳에서 집회하던 도중에 경찰에 붙들려 갔던 일을 생각하고 참고 어려운 때를 보냈다. 그해 12월에 주남선 목사님이 나를 찾아와 기도해 주신 것이 큰 힘이 되었다는 것을 이미 말한 바 있다.

　크리스마스가 다가올 때, 당장 필요했던 것은 전등(電燈)이었다. 나는 그 동네의 예수 믿지 않는 한 불신(不信) 부자(富者)를 찾아가 예배당에 전등을 넣어 달라고 간청을 했더니, 그는 나의 용기가 마음에 든다고 하며 첫 말에 쾌히 허락을 하고 당시 돈 사십 원으로 전등을 달아 주었다. 석유 남포등으로 예배를 보다가 밝은 전깃불이 들어오니 정말로 밝아 온 교회가 환호성을 올리고 기뻐했다. 그해 크리스마스는 더욱 즐겁게 보낼 수 있었는데, 특히 기억에 남아 있는 것은 큰아이 성길이가 만 두 살인데도 성탄축하예배 때 교인들 앞에서 독창을 해서 모두 놀라고 칭찬을 받았던 일이다.

　그러나 워낙 작은 시골 마을의 작은 교회라, 짧은 시일 내에 교회가 부흥되기는 어려웠다. 그렇다고 교회로서는 염치 불구하고 재정적(財政的) 형편이 안 되면서 무리하게 교역자를 붙들 수 없었는데, 약간 어려움에 봉착했을 때 마침 인근 안의교회에서 나를 청빙해 왔다. 이때는 정 집사도 이 이상 무리할 수 없다고 생각하고, 전에 약속한 바도 있고 해서 자진해서 내가 안의로 가도록 주선해 주었다.

거창지방 교역자 수양회 기념사진. 1947년 8월 26일.
안의교회에 시무할 당시, 함양 농월정에서 거창지방 교역자 수양회가 개최되었다.
앞줄 왼쪽에서 네번째가 한부선 선교사, 뒷줄 왼쪽에서 네번째가 본인.

안의교회 부흥집회 기념사진. 1947년.
해방 직후 정순종 집사의 강권으로 사근교회에 시무하였고, 1946년 6월 안의교회로 옮겨 이 년 동안 시무하였다. 고오형 선교사를 모시고 개최한 부흥집회 기념사진. 셋째 줄 오른쪽에서 열세번째가 본인.

안의교회(安義敎會) 시절

1946년 6월, 안의교회로 옮겨 갔다. 안의교회에 대해서는 앞에서 소개한 바 있다. 나는 열심을 다해 목회(牧會)에 힘썼는데, 나중에 들은 이야기지만, 안의교회로서는 내가 시무할 때 교인이 가장 많이 모였다고 한다. 그저 감사할 따름이다. 그리고 안의교회에 시무하던 1946년 10월 21일에 작은아들 현식(賢植)이 태어났다.

내가 이곳에 역시 오래 머물 수 없었던 이유는 강도사(講道師) 시험을 치기 위해 신학(神學) 청강(聽講)을 일 년 더 해야 했기 때문이다. 당시 장로교단(長老敎團) 헌법(憲法)에 타국은 물론 국내에서 신학을 했더라도, 타 교단(敎團)의 신학교에서 수학했더라도, 본 교단 신학교(神學校)에서 최소 일 년 이상 청강을 해야 강도사 응시자격(應試資格)을 준다는 규정이 있었다. 그래서 나도 신학 청강 일 년을 하기 위하여 신학교 근처로 갈 필요가 있었다. 앞서 말한 대로, 당시 주남선 목사와 한상동 목사의 노력에 의해 이미 고려신학교(高麗神學校)가 설립되어 있던 터였다. 이때 마침 하나님께서 구포교회로 갈 수 있는 길을 열어 주셨다.

구포교회(龜浦敎會) 시절

1948년 7월, 구포교회로 옮겨갔다. 구포교회는 큰 교회는 아니었다. 그러나 당시 윤인구(尹仁駒) 목사(당시 慶尙南道 學務局長이었으며 나중에 부산대학 학장과 연세대 총장을 역임하였다)의 고향으로 그 가족이 교회에 나왔고, 윤 목사도 가끔 설교를 하던 터였다. 장로(長老)는 두 사람 있었는데, 모두 당시 경남노회를 좌우하던 그 유명한 친일파(親日派) 목사였던 김길창 목사의 직계(直系)들이었다. 이와 같이 나의 신앙노선과는 거리가 있었으나, 당시 구포국민학교 교장으로 있던 염동문 집사의

구포교회 하기아동성경학교 기념사진. 1949년 8월.
당시 장로교단 헌법은 다른 지역이나 외국에서 신학을 공부하였어도, 반드시 본 교단의 신학교에서
최소 일 년 이상 청강해야만 강도사 응시자격을 주었다. 주남선 목사와 한상동 목사의 노력으로 세운
고려신학교(부산 소재)에서 신학 청강을 하기로 하고, 학교와 가까운 구포교회로 옮겼다.
구포교회 하기아동성경학교의 어린이와 교사들. 셋째 줄 오른쪽에서 다섯번째가 본인.

소개로 설교를 한 번 한 것이 인연(因緣)이 되어 그 교회로 청빙을 받게 되었던 것이다. 또 한편, 일제강점기 때부터 신앙을 지키고 나왔던 한정교 목사가 경영하던 애린원이라는 고아원(孤兒院) 식구들이 그 교회에 나오고 있어, 신앙적으로 일치하는 바가 없는 것도 아니어서 마음에 끌리기도 했었다. 애린원 원모(院母) 이정자 씨는 신앙도 독실했거니와 구포읍 사회에서도 여자이지만 유지(有志)로서, 이후 목회 때 물심양면(物心兩面)으로 큰 도움이 되었다. 그분의 큰아들 동석, 둘째아들 남석, 셋째아들 삼석 등 세 아들들이 나의 목회기간 동안 주일학교, 학생회, 청년회를 적극 도왔고, 그동안 없었던 성가대도 조직하여 전체 교회와 예배 분위기를 크게 바꾸어 놓았다. 교회는 점점 부흥되었다. 원래 작은 교회였으나 차고 넘치도록 모였다.

구포에 온 그 다음 달, 1948년 8월 13일에 딸 성희(聖姬)가 태어났다. 교회 사택도 예배당 가까이 더욱 좋은 집을 마련하여, 모든 생활이 편리하고 안정(安定)되었다. 마당에는 감나무 등이 있어 아이들이 그네를 매어 타면서 즐거워하곤 했다. 또 한 가지 기억나는 것은, 큰아이 성길이가 다섯 살 나던 해 어느 날 석양에, 그 어린 것을 데리고 낙동강 둑길을 거닐 때, "아버지, 눈은 작은데 어찌 세상이 다 보이며, 작은 돌은 물에 빠지는데 큰 배는 어찌 물에 빠지지 않습니까?"라고 물었을 때, 나는 그 대답을 해 주지 못했다. 그런데 지금도 그 대답을 해 주지 못하고 있다.

강도사고시(講道師考試) 합격

1948년 10월 노회(老會) 때 강도사 시취(試取, 즉 試驗)가 시행되었다. 당시 고시부원(考試部員), 즉 시험관(試驗官)들이 주로 김길창 목사 측 목사들이 많아 매우 어려운 가운데 합격이 되었다. 그때 같이 응시(應試)한 분들이 네 명인데, 일본에서 신학을 한 나를 포함하여, 만주 동북신학교(東北神學校)를 졸업했던 황철도(黃哲道), 조수환, 주관준 등이었다. 이때 노회가 분리되기 전 가장 큰 노회로 있을 때여서 시험도 가장 어려웠을 때였다. 그러나 나는 결국 구포교회에서 목사안수(牧師按手)를 받지 못했다. 왜냐하면, 나중에 자세히 설명하겠으나, 신앙노선(信仰路線)의 미묘한 갈등 때문에 장로들이 청빙을 하지 않았고, 나중에 장로들이 삼분노회(三分老會)가 모였을 때 부산노회(釜山老會)에 청빙을 하자고 했으나 그때는 내가 거절하였다. 그때부터 나와 구포교회 장로들 사이에 거리가 생기기 시작했다. 결국 윤인구 목사의 지령으로 장로들이 나를 배척하기 시작했다. 또한 구포교회는 노진현 목사의 고향이기도 해서 그가 나중에 중간파(中間派, 후의 합동側)에 속하라고 수차 설득하였으나 나는 거절하고 흔들림 없이 나의 길을 걸었다. 구포교회는 결국 두 갈래로 나누어지게 되어 나도 구포교회에 더 이상 머물 수 없었다.

김해교회, 그리고 고려파 진리운동

변화산(變化山)과 겟세마네 동산

구포교회를 사면하여야겠다고 생각하고 있을 즈음, 마침 사천(泗川) 곤양교회에서 청빙이 왔고, 또한 김해교회(金海敎會)에서도 청빙이 왔다.

곤양교회는 시골이지만 평온한 교회요, 신앙과 사상적으로 일치단결(一致團結)이 되어 있었다. 반면, 김해교회는 곤양교회에 비해서 역사가 오래되고 큰 교회이며, 더구나 순교자 이기선 목사 시절에는 큰 부흥이 되어 한때는 오천 명이 회집하였던 교회였다. 그러나 지금은 크게 분규가 일어나 예배당만 크게 서 있을 뿐, 내막은 산산조각이 나 있었다. 믿음이 약한 사람, 신사적인 교인은 다 떠나가 버리고, 어폐(語弊)가 있는 말 같으나, 양편 다 싸움꾼만 남아 분위기가 살벌하기 짝이 없었다. 전임자 전성도(全性道) 목사는 견디다 못해 사면을 하고 말았다. 이런 형편에서 고신(高神) 측 집사들이 강권하다시피 나를 청빙하니, 나는 어찌할지 망설였다. 편안한 곤양인가, 험난한 김해인가. 어느 쪽으로도 결정을 못 하고 고민하였다. 그날 밤 꿈에, 한편에 변화산(變化山), 또 한편에 겟세마네 동산, 이 두 산이 나타나는데 이 둘 중 하나를 택하라는 것이었다. 변화산을 택하자니 양심(良心)이 괴롭고, 또 하나님께 책망을 들을 것 같았다. 그러나 겟세마네 동산을 택하자니 고생이 극심할 것 같아 주저되었다. 많은 고심 끝에 결국 겟세마네 동산이 주님께서 가신 길이요, 내가 받은 사명(使命)으로 생각하였다. "사나 죽으나 주의 것이니, 살아도 주를 위하고 죽어도 주를 위하고, 살든지 죽든지 이 몸으로 하여금 주님만 존귀(尊貴)케 하자"는 결심에서 김해교회로 가기로 결단을 내렸다. 나는 나의 신앙노선(信仰路線)을 따라 모험을 택하기로 한 것이다.

동기목사(動機牧師)

김해교회로 가기로 결정했으나, 두고 가는 구포교회가 걱정이 아니 될 수 없었다. 그러나 다행히도 사데 교회가 살았다는 이름뿐이요, 실상은 죽었는데, 그 중에도 옷을 더럽히지 아니한 몇 명이 있었던 것같이(계시록 3장1-4절), 구포교회도 배진택 집사 외 십여 명 교인들이 중심이 되어 구포제일교회(龜浦第一敎會)를 개척(開拓)하게 되었다. 예배인도는 우선 그 당시 고려신학교에 재학 중이던 한동석 전도사(애린원 원장 한정교 목사의 장남)가 하도록 하였다. 그 이래 십여 년 후, 부산총회 시 주일에 그 교회에서 나를 초청하였다. 한동석 목사가 나를 소개하기를, 그 교회의 동기목사(動機牧師)라고 했다. 무슨 뜻인가 했더니 설명하기를, 이 구포제일교회는 민영완 목사님이 동기(動機)가 되어 개척되었기 때문이라 하여 감명 깊었다. 지금 그 교회는 팔백여 명이 모이고 부산 시내에서도 굴지의 교회가 되었다. 배 집사는 그 후 장로가 되었고, 육신생활에서도 축복을 받았으며, 아들 중 한 분은 목사가 되어 전국학생신앙운동(全國學生信仰運動, SFC, Students for Christ)을 위해 열심히 뛰고 있다. 이후 한동석 목사를 이어 이삼열 목사가 시무했다. 1986년도에도 부산 총회 시에 초청받아 한 주일 방문한 적이 있다.

김해교회(金海敎會)에 부임

당시 김해교회는 이른바 총회파(總會派, 三分老會 소속)와 고려파(高麗派)의 두 갈래로 갈라져 있었다. 총회파를 지지하는 쪽은 수는 적지만, 돈 많은 장로가 한 사람 있어 경제적으로 부유(富裕)하나, 신앙적으로는 여지없이 부패하여 불신사회(不信社會)에서도 신임(信任)을 잃고 있었다. 고려파를 지지하는 쪽은 장로도 없고 모두 가난했으나, 수가 많았고 믿음으로 살아보겠다고 애쓰는 교인들이었다.

김해교회 문제, 즉 분규의 초점은, 첫째, 예배시간을 차지하는 문제와 예배당 건물과 그 외 재산(주로 부동산)을 점령하는 권리투쟁(權利鬪爭)이었다. 이렇게 이권(利權)이 개입되어 있기 때문에 그 투쟁은 치열하였다. 그 권리를 장악하는 것은 교세(敎勢), 즉 교인(敎人) 수로 결정되는데, 이러한 양상(樣相)은 김해교회뿐 아니라 마산 문창교회, 진해교회, 창녕교회, 신마산교회 등 각지에서도 같은 문제가 일어나고 있었다. 심지어 심한 곳은 법정(法廷)에까지 가서 재판(裁判)을 한 곳도 있었다.

이런 분쟁에서 공통적으로 나타나는 현상이지만, 김해교회에서도 분쟁이 극심해져 감에 따라 교회는 점점 쇠퇴(衰退)해 가고, 믿음이 약한 자나 신사적인 교인들은 다 떠나가고, 새 교인은 생겨나지 않고 싸움꾼만 남았다. 남아 있는 싸움꾼에게는 점점 악(惡)만 남아 분쟁은 더욱 극심해져 갔다. 이제는 예배 시에 한쪽에서 찬송 공세, 통성기도 공세를 하는가 하면 때로는 강단에서 설교자를 끌어내리고 예배당 안에서 예배 중에 치고 패는 난투가 벌어져 피를 흘리는 경우도 종종 있었다. 수세(守勢)에 몰려 극도로 악이 나면, 부산에서 깡패를 동원하기까지 하였다. 이

김해교회 청년들과 나선 심방길. 1950년.
강도사고시(講道師考試)는 합격하였으나, 신앙노선의 미묘한 갈등 때문에
구포교회에서 목사안수를 받지 못했다. 그래서 구포교회를 사면하고
1950년 6월 김해교회에 부임하였다. 맨 오른쪽이 둘째아들 현식과 본인.

리하여 전임자 전 목사는 견디다 못해 사면을 하였던 것이다. 이상이 내가 김해교회로 가기 전의 상황이었다.

1950년 6월 10일 토요일 김해교회로 이사하였다. 이사한 날 저녁에 벌써 사택 밖에서 고약한 소리가 들려왔다. 각오는 하고 왔으나 가슴이 두근거렸다. 이삿짐을 대강 집안으로 들여놓은 후에 예배당 강단 앞에 엎드려 기도하였다. "주여, 변화산을 버리고 이 겟세마네 동산으로 오지 않았습니까. 이 모든 시험을 감당하게 하옵소서, 이기게 하옵소서, 능력을 주시옵소서" 하고 간절히 기도했더니 마음에 평안과 용기, 그리고 담력(膽力)이 생겨났다. 감사의 기도를 마치고 나서야 저녁을 들었다.

다음날, 부임 후 첫번째 주일을 당하여 새벽 다섯시에 새벽기도회, 아홉시 주일학교, 열한시 낮 대예배, 저녁 일곱시 삼십분에 저녁예배를 드려, 첫 주일을 은혜 가운데 큰 시험 없이 잘 지냈다. 교인 수는 약 팔십 명 정도였다. 총회 측은 두 차례 모이는데, 열시 장년예배와 다섯시 저녁예배였고, 새벽기도회와 주일학교는 없었으며, 낮 대예배 때 교인 수는 약 삼십 명 정도였다. 이와 같이 한 교회당 안에서 이것이 무슨 짓인가, "하나님, 우리가 나가든지 저들이 나가든지 양단간에 빨리 해결이 나야 하겠습니다" 하는 생각이 들었다.

육이오동란과 죽음의 위협

부임한 지 두번째 주일날, 6월 25일 오후 여섯시경에 전에 없던 사이렌 소리가 들렸다. 모두가 놀란 말, "삼팔선이 터졌다", "인민군(人民軍)이 내려온다" 하여 거리는 대소동이 났다. 김해에서는 육이오동란이 이렇게 시작되었다. 육이오동란도, 히틀러의 전쟁 시작이나 일본의 진주만 기습 등과 같이 주일날에 터졌다. 이와 같이 마귀는 언제나 주일을 이용하는 것 같다.

시간이 흐르면서 전세(戰勢)는 아군(我軍)에게 불리하게 되어 갔다. 국군(國軍)과 미군(美軍)은 후퇴를 거듭하였다. 하루는 예배당과 담을 하나 사이에 두고 있던 국민학교에 한국군 부대가 후퇴하여 내려와 주둔하게 되었다. 그날 오후 두시경에 소위 한 사람이 찾아와 예배당을 부대에서 사용해야겠다고 통보하였다.

나는 평소 예배당은 신성한 일에만 사용되어야 한다는 신념이 있었다. 그래서 나는 "학교만 해도 넉넉할 텐데 예배당까지 쓸 필요가 있는가?" 했더니, 그 소위는 그럼 목사님이 오셔서 연대장에게 말하라고 해서 소위를 따라갔다. 연대장실에 들어가니 사자같이 생겼고, 히틀러같이 콧수염을 길렀고, 검은 선글라스를 쓴 소령이 한 사람 앉아 있었다. 내가 들어서자마자, 인사 한 마디 없이 그 예배당을 우리가 써야겠다고 했다. 나는 정중하게 고생이 많다고 인사하고, 이 학교에 교실이 수십 개나 있는데 하필이면 예배당을 쓸 필요가 있는가 하고 반문하였다. 이 연대장은 노발대발하면서 "무슨 필요가 있느냐고? 나라가 있어야 교회가 있지, 나라가 없는데 교회가 어디 있어? 나라도 민족도 모르고 예수만 아는 이런 악질, 이런 민족반역자(民族叛逆者)는 당장 죽여라!"고 호통을 쳤다.

병사 두 사람이 나를 끌고 나가 임시 영창에 가두었다. 나는 한편 같잖기도 하고(어처구니가 없고, 우스꽝스럽기도 하고), 한편 정말 죽는 것이라면 이는 순전히 개죽음인데 하고 억울하고 불안하기도 했다. 보초병(步哨兵)이 하는 말이, "목사님, 나도 교인입니다. 그런데 큰일입니다. 이 부대는 삼팔선에서 패배당하고 괴뢰군에게 쫓기고 쫓겨 이곳까지 왔는데, 오는 도중 주민들에게 목이 말라 물을 달라고 하면 농약을 타서 주어 병사가 죽기도 했습니다.(아마 左翼分子들에게 당했던 모양임) 그러니 지금 악만 남아 조금이라고 비협조적이거나 명령이나 요구에 즉각 응하지 않으면 사정없이 많은 사람들을 죽였습니다. 목사님도 참으로 걱정됩니다"라고 하였다. 나는 설마 하다가 그 말을 듣고 참으로 죽는 줄 알았다. 그러나 할 수 없지, 죽이면 죽을 수밖에 없다고 생각했다. 그 군인에게 부탁하기를, "저 창문 밖에 보이는 저 집이 교회 사택인데, 내가 죽으면 우리 집에 알려 시체라도 찾아다가 장례라도 지내도록 해 달라"고 부탁하였다.

이때 마침 잘 알지는 못하나 안면이 있는 소위 한 사람이 들어왔는데, 그는 마산 창신고등학교(昌信高等學校) 교련(敎鍊) 선생이었던 분이다. "아니, 목사님 어떻게 된 일입니까?" 하고 묻기에 간단히 설명을 했다. 그는 바로 나가더니 약 십 분 후에 돌아와 나를 데리고 그 연대장 앞으로 갔다. 연대장은 웃으면서 "목사님, 미안합니다. 저도 세례교인이고, 제 어머니는 전도부인(傳道婦人)입니다. 때가 너무 험악하여 저도 이렇게 약한 인간이 되었습니다. 용서하시기 바랍니다" 하였다. 그 길로 집으로 돌아오니 크게 걱정하던 가족들과 교인들이 반겨 맞았다. 그러나 예배당은 이미 그 부대 의무실(醫務室)이 되어 있었다. 강단 뒤에는 이승만 대통령 사진이 크게 걸려 있었고, 마루에는 양편으로 환자가 누울 베드가 줄을 지어 놓여 있었다. 하도 기가 막혀, 다음 날 주일 지낼 것만 걱정하며 밤새워 기도만 하였다.

새벽 네시경, 예배당 마당에서 사람 소리, 자동차 소리가 한동안 시끄럽게 나서 내다보니 부대가 떠나고 있었다. 예배당에 가 보니 텅 비어 있었는데, 종잇조각, 담배꽁초, 오물들만 널려 있었다. 교인들을 동원하여 깨끗이 청소하니, 다음날 예배에는 조금도 지장이 없었다.

전쟁이 사람을 이렇게도 혼란에 빠뜨린다는 것을 실감케 하는 한바탕 소동이었다. 어쨌든 나는 때를 따라 도와주시는 하나님께 감사하였다.

피란민(避亂民)이 몰려오다

낙동강 전선(洛東江戰線)까지는 인민군이 빠른 속도로 내려왔기 때문에 특별히 주목(注目)받은 사람 이외에는 피란 갈 엄두를 내지 못했다. 그러나 함안, 군북, 의령 등지에서는 철조망을 쳐 놓고 전선을 이루고 양편이 약 이 개월간이나 치열한 전투를 벌였다. 그래서 지역에 따라, 낮에는 대한민국(大韓民國), 밤에는 인민공화국(人民共和國)이 되는 곳이 많았다. 양 틈에 끼인 양민들은 살 수가 없었고, 특히 기독교인은 견디기 어려웠다. 그래서 그들은 부산을 향해 피란을 떠났다. 자연히 김해를 거쳐 가게 되므로, 길가에 서 있던 김해교회로 들어오기도 했다. 점차 피란민들이 모여들었다. 예배당 안에서 모두 먹고, 자고, 예배 보는 생활을 하니, 아이 우는 소리, 기도하는 소리, 찬송 부르는 소리, 성경 읽는 소리 등으로 삼백여 명이 법석대서 그야말로 난리판이었다.

그러니 양식, 소금, 간장, 식수는 보통 문제가 아니었다. 사택 마당에 우물을 팠고, 염장(鹽藏)은 교인 가정에서 거두어들이고, 식량은 군수에게 교섭하여 특별 배급을 받았다. 그런 중에서도 식구가 다 피란 나온 사람들은 웃음꽃을 피우기도 했으나 처자나 노부모(老父母)를 두고 온 분들은 처량하기 짝이 없었다. 특히 사택에는 우리가 아는 친구, 일가친척들이 모여 평균 십여 명이 북적댔다. 나중에 피란민이 다 떠나고 난 후 보니, 우리 집은 염장이 다 동이 나 버렸다.

그런 중에서도 모든 사람들의 신경이 곤두서 있던 일은 미군과 국군이 북쪽으로 올라가면 안심이 되고, 후퇴를 하면 불안해했다. 하루는 이른 아침에 북쪽 멀리서 대단한 폭발 소리가 계속 들렸다. 모두 생각하기를 밤새 괴뢰군이 온 줄 알고 놀라 예배당에 있는 피란민들이 짐을 챙겨 나서기 시작했다. 부산 끝까지, 가는 데까지 가 보겠다고 하면서 큰 소동이 났다. 그러나 조금 후 그 소리는 미군 차량이 싣고 가던 폭탄이 터진 것이라 하여 모두 안심이 되었다. 그러나 그 길로 부산으로 간 피란민도 많았다.

이렇게 불안하게 지내던 중, 맥아더 장군이 인천상륙작전(仁川上陸作戰)을 성공시켜 전세는 일변(一變)하여 낙동강의 인민군은 패주(敗走)하였다. 그리하여 교회에 있던 피란민들은 모두 기뻐하며 집으로 돌아갔다.

일사후퇴 시에는 서울과 이북에서 수많은 사람들이 남쪽으로 피란을 왔다. 피란민 중에는 교인들이 많았다. 김해에도 많은 예수 믿는 피란민들이 모여들었고, 또 교회에도 나왔다. 우리 교회에도 주일 예배 시 삼백 명 정도가 모였는데, 그 중에는 신앙이 좋은 분들도 많았다. 특히 음악 하는 분들이 많아 성가대가 조직되었으며, 훌륭한 반주자, 지휘자도 있었다. 교회는 넘치게 모이고 찬양도 훌륭해서 동란의 와중에도 예배 때마다 은혜가 넘쳤다.

읍사무소가 교회당 안에

전세(戰勢)도 안정이 되었다. 김해는 후방(後方)에 있는지라, 대저면에는 미 공군부대가, 그리고 읍내에는 국군 공병대와 공병학교가 들어왔다. 읍사무소에는 미군 CIC가 들어오게 되니, 읍사무소가 갈 데가 없어졌다. 군수가 날 만나자고 해 군청에 갔더니 총회 측 배신환 목사와 성결교 김도명 목사가 먼저 와 있었다. 군수가 교회당을 읍사무소로 쓰자고 하면서, 배 목사는 허락을 했다는 것이다. 나는 의분(義憤)이 났다. 배 목사는 무슨 권리로 허락했느냐고 하면서, 나는 안 된다고 강력히 반대했다. 배 목사는 못 먹는 음식에 재나 뿌리자는 심사인지, 이런 어려운 때에 예배당을 국가에 바치자는 것이었다. 나는 이 사회가 공산주의(共產主義) 사회가 아닐진데, 더구나 후방 지역이므로 안 된다고 하였다. 군수는 자기를 공산주의자로 여긴다고 오해를 하고, 노발대발하면서 나와 크게 싸웠다. 그러나 그 사이 읍사무소는 교회당으로 옮기고 있었다.

이때 마침 마산에서 어떤 목사님이 부산으로 가다가 이 소동을 보고, 곧 도지사(道知事) 양성봉 장로에게 이야기하겠다고 하였다. 도지사가 군수에게 무어라 했는지, 사흘 만에 읍사무소는 교회에서 도로 철수해 갔다.

이같이 전시에 피란 가는 고생은 하지 않았으나, 그에 못지않은 괴로움이 많았다. 그러나 하나님께서는 때를 따라 도와주셨다.

일제강점기 내가 일본 유학 때, 도쿄 신주쿠 교회에 시무했던 김치선(金致善) 목사를 청하여 부흥회(復興會)를 개최하였다. 김 목사님은 잘 알려진 분이라, 총회 측 교인들도 부흥회에 많이 나와 같이 큰 은혜를 받았다. 집회가 끝날 즈음, 그들이 회개하고 돌아온다고 하면서 그 주일 낮 예배 때 같이 합석(合席)하였다. 우리는 진심으로 알고 크게 환영하였고, 모두 기뻐하였다. 김 목사는 눈물로 설교하고 기도했으며, 하나님께 영광을 돌렸다. 그러나 이것이 결국 또 불화의 큰 불씨가 되었다. 그대로 있었던 것이 더 좋을 뻔하였다.

합한 후, 한두 달이 지나면서 교회에는 다시 크게 분규가 일기 시작했다. 나는 매우 괴롭고 불안해서 살 수가 없었다. 또한 김해읍 부근 대동면, 대저면, 명지면 등지의 열아홉 개 교회 당회장(堂會長)을 맡고 있어 거의 걸어 다니며 순회(巡廻)를 해야 했으니, 대단히 피곤하기도 했다.

그야말로 심신(心身) 간에 지치고 피곤했다.

그때 마침 군내(郡內) 교역자 수양회가 명지교회에서 모였는데, 유수영 영수가 소를 한 마리 잡고, 한상동 목사, 오종덕 목사, 박손혁 목사, 한명동 목사 등을 초청하였다. 나는 아무리 몸이 괴로워도 안 갈 수 없었다. 그러나 지친 몸에 두통이 심하게 나서 저녁 개회예배도 못 보고 돌아오고 말았다.

두통이 계속 심하여, 일어나기는커녕 옆으로 누울 수도 없었다. 여러 의사들의 진찰을 받았으나 병을 아는 분이 아무도 없었고, 백약(百藥)이 무효(無效)였다. 그래서 한상동 목사님께 사람을 보내어 당시 유명했던 복음병원 내과 전종휘 박사님께 왕진을 부탁 드렸다. 그날 저녁 한 목사님은 전 박사 대신 자기 교회 차 집사(그분은 처녀로서 의사였다)와 같이 오셨다. 하시는 말씀이, 민 목사의 병은 고려파 병인데, 이 병은 전 박사보다 차 집사가 더 잘 고친다고 하셨다. 자신도 같은 병을 앓았는데 차 집사가 고쳤다고 하였다. 차 집사는 진찰도 하지 않고 주사 놓고 약을 지어 주었는데 약 삼십 분 만에 두 주간이나 그리 아프던 두통이 가라앉기 시작하였다. 하나님께서는 이렇게 때를 따라 도와주셨다.

저녁 식사를 마친 후 한 목사님은 집사 열두 사람을 다 소집하고 밤을 새우면서 말씀하시기를, "나도 초량교회에서 나오기로 작정(作定)했으니, 이 교회도 나와서 개척을 하는 게 어떤가?" 하셨다. 모든 집사들이 다 순종했으나, 나이가 가장 많고 성격도 과격한 김수봉 집사만 반대하였다. 나 또한 평소 주위의 선배들의 간곡한 권고도 있었고, 또 나 자신 지칠 대로 지쳐서 더 이상 견딜 수 없다고 판단하고 교회를 나와 개척을 했으면 하던 차에, 나오기로 결정했다. 그날 밤에 병도 낫고, 교회문제도 해결을 보게 되니 굉장히 기뻤다. 합동한 결과가 완전히 다시 나누어지는 것이었다. 물과 기름같이 진리(眞理)와 비진리(非眞理), 의(義)와 불의(不義)는 합할 수 없다는 것을 실물교훈(實物敎訓)으로 배웠다.

이상이 육이오동란의 와중에서 내가 고려파 진리운동(高麗派 眞理運動)을 겪으며, 고심 끝에 개척(開拓)하기로 결심했던 내력(來歷)이다. 당시 수많은 교회가 이와 같은 고통 중에서 개척되었다.

김해중앙교회 개척

신문지 한 장씩

그동안 나의 인생에서 고생과 보람을 같이 느낀 사건이 한두 가지가 아니지만, 김해중앙교회 개척은 나의 인생에 가장 가슴 벅찬 일 중의 하나이다. 이제 그 이야기를 쓰고자 한다.

우리 고신(高神) 측이 나가서 개척을 한다고 결정을 보았지만, 개척이란 쉬운 일이 아니었다. 이미 김해교회는 예배당이 육십여 평, 시골 교회로서는 큰 교회당이요, 넓은 대지에 사택과 전답(田畓)까지 있었다. 그런데 수백 명의 교인집단이 이십여 명의 교인집단에게 이 모든 것을 내주고 빈손 들고 나올 것을 생각하니, 그들에게 인간적(人間的)으로 정치적(政治的)으로 속고 당한 것이라 억울하였다. 그러나 한편, "아니다, 이것이 옳은 일이며 주님이 원하시는 일이다"라고 생각하였다. 기한 없이 서로 상대편이 망하기만 바라며 서로 물고 뜯고 싸우고 저주하는 것이 어찌 하나님의 뜻이며, 성도가 할 일이겠는가. 이웃 사랑하기를 내 몸과 같이 하라 하셨고, 또 원수까지 사랑하라 하시지 않았는가. 말은 그렇게 하면서 실제로 행하지 않는다면 어찌 축복을 기대할 수 있을 것인가.

마침내 개척하기로 결단을 내린 후, 집사 한 사람 한 사람을 이해시켜 집사를 중심으로, 피란 온 교인들은 제외하고 교적을 가진 사십 명만 같이 나오기로 뜻을 모았다. 한 사람이 나와도 확고한 신념으로 고생과 기쁨을 같이할 사람만 나오면 된다고 생각하고 처음부터 욕심을 부리지 않았다.

그러면, 언제 어디서 발족예배(發足禮拜)를 드릴 것인가. 수차 집사들과 논의했으나 신통한 결정을 보지 못하고 머뭇거리게 되었다. 이렇게 하다가는 나오지도 못하고 도로 다 흡수되고 말겠기에 그대로 강행하기로 하였다. 뜻있는 사람은 비장한 각오로 몇 사람이라도 좋으니, 10월 첫째 주일에 신문지 한 장씩만 가지고 김수로왕릉 서쪽 강변으로 모이기로 하였다. 9월 마지막 주일을 끝으로 교회 앞에 광고 한마디 없이 눈물로 예배를 드리고 문자 그대로 빈손 들고 나왔다.

마가의 다락방의 백이십 문도(門徒)

신문지 한 장씩만 가지고 강변에라도 모이겠다고 한 우리들에게 하나님께서는 이십 년 묵은 중국요리점(中國料理店) 이층을 예배장소로 허락하셨다. "뜻이 있는 곳에 길이 있다"는 말대로, 하나님께서는 우리 형편을 아시고 이런 자리라도 주신 것을 감사하였다. 그 집은 김해 중앙통(中央通)에 있었는데, 넓이는 십오 평 정도로 아래층에는 피란민이 살고 있었다. 우리가 처음 찾아가 보았을 때 이층은 이십 년 동안 비둘기 집이 되어 너무도 험하고 더러웠다. 집사님 몇 분이 오셔서 하루 종일 청소하고 갈대자리(김해 토산품으로 유명함)를 사다 깔았다.

1951년 10월 첫 주일, 그곳에서 김해중앙교회의 역사적인 발족예배를 드렸다. 그날 교인이 많이 모여 봐야 사오십 명일 것으로 생각했는데,

모두 어찌 알고 왔는지 백이십 명이 모였다. 마치 마가의 다락방에 백이십 문도(門徒)가 모인 것과 같아 신기하였다. 눈물로 감사와 영광을 주께 돌렸다. 반주자, 지휘자, 성가대가 다 나왔고, 풍금도 하나 생겼다.

주일마다 출석 교인들이 계속 늘어 앉을 자리가 없었다. 그래서 이층으로 올라오는 계단에까지 앉아서 예배를 드렸다. 이런 감사한 생활을 하면서 그해 겨울을 보냈었다. 하나님은 이와 같이 계속 때를 따라 도와주셨다.

새 예배당 건축

교회는 불이 붙었다. 은혜와 사랑이 넘쳤다. 교인은 날로 불어 갔다. 모두들 열심히 예배당을 짓게 해 달라고 기도하였다. 봄이 되자 드디어 세 성도의 특지(特志)로 예배당을 지을 수 있게 되었다. 한 사람의 헌금으로 대지 육십오 평을 샀고, 또 한 사람의 헌금으로 모래 한 트럭을 샀고, 또 한 사람의 헌금으로 의자를 마련하였던 것이다.

이렇게 기쁘고 감사한 중에서도 고생 또한 말할 수 없이 심했다. 없어서 울고, 수모(受侮), 비난(非難), 욕설도 번번이 받았다. 그런 중에서도 많은 사람들이 칭찬, 격려, 동정을 주어 큰 위로를 받기도 했다. 교인들은 계속 모여들고 은혜와 사랑이 넘치니, 마치 초대교회(初代敎會) 같았다. 하나님께서는 이와 같이 필요에 따라 때를 맞추어 우리를 도와주셨다.

서울서 온 피란민 중에서는 돈이 없어 헌금을 못 해도 몸으로 봉사하는 분들이 많았다. 개중에는 평생 흙에 손을 묻혀 본 일이 없는 귀부인들도 있었는데, 십 리 밖 냇가에 가서 자갈채취 작업을 하다가 손가락에 피가 나기까지 하였다. 그분들은 나중에 손에 피가 나도록 일한 것이 평생

김해중앙교회 부흥사경회 기념사진. 1952년 5월 17일.
김해교회 내에서 총회파와 고려파의 분규가 극심해져서, 개척을 결심하고 빈손 들고 나와 1951년 10월 첫 주일 김해중앙교회라는 이름으로 발족하였다. 이듬해인 1952년 초, 이약신 목사님을 모시고 부흥사경회를 열었다. 둘째 줄 가운데 계신 분이 이약신 목사님, 그 오른쪽이 본인이다. 앞줄 맨 왼쪽이 김강한 장로, 세번째가 신봉도 장로, 맨 오른쪽이 이인영 권사, 셋째 줄 맨 오른쪽이 박금란 전도사.

신수도 장로 장립식. 1952년.
백이십 문도가 모인 초대교회 마가의 다락방과도 같이, 백이십 명의 성도들이 발족한 김해중앙교회는 날로 부흥했다. 신수도 장로가 장립하여 당회도 조직되는 등 크게 부흥했다. 강단의 중앙에서 본인이 집례하고 있다.

신축된 김해중앙교회 앞에선 본인. 1952년 12월 25일.
이십 년 묵은 중국요리점 이층 홀을 예배장소로 시작한
김해중앙교회는 날로 부흥하여, 더 이상 앉을 자리가 없이
차고 넘쳤다. 세 성도의 특지로 예배당 건축을 시작하였고,
그 해 크리스마스는 신축한 교회에서 축하예배를 드릴 수 있었다.

의 추억이 되었다고들 하였다. 나도 이 일을 평생 잊지 못할 것이다. 예배당은 돈으로 짓는 것이 아니고, 성도들의 마음, 신앙의지(信仰意志)로 짓는다는 것을 확실히 경험하였다. 마음이 합하여지고 헌신(獻身)이 되니, 모두가 감격스럽고 서로 격려하여, 없어서 못 바치지 아까워서 못 바치지 않았다.

김해중앙교회의 개척은 예수 믿지 않는 김해 사회의 관심거리가 되었다. 그것은 불신자(不信者)들에게 살아 계신 하나님을 보여 준 역사(役事)였다. 당시 김해읍내(金海邑內)는 물론 군내(郡內)에는 여자를 위한 학교 교사(校舍)가 없어 해방 직후부터 김해여중고교(金海女中高校)를 세우기 위해 건축기성회(建築期成會)가 조직되어 있었다. 그 임원들이 중앙청, 문교부를 드나들며 노력했어도, 돈만 쓰고 칠 년이 지나도록 건축은 고사하고 학교인가(學校認可)도 받지 못하고 있었다. 군수가 한번은 그들을 소집하여, 우리가 빈손 들고 나와 일 년 만에 예배당을 짓는 것을 지적하면서, 뭣 하고 있었냐고 자극적인 충고를 하였다. 그리하여 그들은 서둘러 일을 하여 결국 그 여학교를 건립하였다.

한창 건축공사를 해 나가는데, 목수가 경험이 부족했던지 종각 위에 얹을 갈모와 그 위에 세울 십자가까지 만들었으나, 너무 무거워서 도저히 종각 위에 올릴 수가 없었다. 해체해서 다시 하자니 일도 많고, 또 페인트까지 칠해 놓은 판이라 손해도 많을 것 같아 기막혀 하고 있었다. 마침 그때 군목(軍牧)이 지나가다가 예배당 짓느라고 고생이 많다 하며 인사하러 들렀다가 이 광경을 보았다. 당장 하는 말이 "목사님, 걱정 마십시오" 하더니, 자기 부대로 돌아가 부대장과 의논하여 기중기를 한 대 동원하여 왔다. 동네 사람, 아이들 할 것 없이 수많은 인파가 모여들어 구경하는 가운데, 기중기가 종각 갈모를 로프에 매달아 공중 높이 들어 올리

김해중앙교회 하기아동성경학교. 1953년 8월.
신축된 김해중앙교회에서 가진 하기아동성경학교의 어린이들과 교사들. 뒷줄 중앙이 본인.

더니 종각 위에 안치시켰다. 모두 환호성을 올렸다. 정말 고맙고 감사했다. 하나님께서는 이렇게 때를 따라 도와주심을 다시 한번 경험하였다.

시련과 은혜

당시 우리의 육신생활(肉身生活)은 너무나 곤궁하였다. 더욱이 추수감사절(秋收感謝節)까지 새 예배당에 들기 위해 얼마나 고생했는지 모른다. 우리 집에서는 빗자루로 쌀 뒤주를 쓸어 쌀알을 모아 겨우 밥을 지어 먹은 때가 한두 번이 아니었다.

1952년 8월 추석이었다. 열 살 된 큰아들이 학교에서 돌아오더니, "엄마, 아무개 집에서는 추석에 먹는다고 떡을 하는데 우리는 왜 떡을 안 해요?" 하고 물었다. 그때 우리는 떡은 고사하고 밥할 쌀도 없었다. 부모 된 우리는 아이가 마음에 상처를 받을까 봐 얼른 할 말을 잊고 있었다. 그때 문밖에서 찾는 소리가 나서 나가 보니, 두 사람이 있어, 군수가 보냈다고 하며 쌀 한 가마니와 보리쌀 한 가마니를 내려놓고 갔다. 나는 그때 하나님께서 엘리야에게 까마귀 보내신 것을 생각하였다. 군수도 고마웠지만, 하나님의 사랑을 생각하고 감사했다. 큰 용기(勇氣)가 솟아났다.

또 이런 일도 있었다. 근처 이북면 외딴 산골에 나환자촌(癩患者村)이 하나 있었는데, 교회도 있었다. 담임목사가 없어 자기들끼리 모여 예배를 보았다. 그러나 성례(聖禮)는 할 수가 없었다. 그래서 내가 종종 가서 예배도 인도하고, 학습(學習)도 세우고, 세례(洗禮)와 성찬(聖餐)도 베풀었다. 그들은 대단히 기뻐했다. 보통 사람은 나환자촌 근처에 오지도 않는데, 이렇게 찾아와서 기도해 주고, 말씀으로 은혜를 주신다고 감사해 마지않았다. 한번은 그들 중 몇 사람이 우리 집을 찾아왔다. 나는 마루로 올라오라고 권했으나 그들은 기어코 사양을 하고 마당에 서서 허리를 굽히 정중히 인사를 하더니, 봉투 하나를 내놓았다. 나는 어찌 그 돈을 받을 수 있는가 싶어 돌려주려 하였으나, 그들은 기어코 봉투를 두고 돌아갔다. 사실 그때 내 주머니는 텅텅 비어 있었다. 하나님께서 아시고, 또 까마귀를 통해 엘리야를 도우신 것 같이 생각되었다. 대단히 마음 아픈 일이었지만, 하나님께서 주신 줄 알고 감사히 받아 얼마나 요긴하게 썼는지 모른다. 내가 김해를 떠나온 후 우리 교단(敎團)에도 성진노회가 조직되어 전국에 흩어져 있는 나환자교회에 목사를 파송하고, 집사를 세우고, 장로도 장립하여 자체 운영케 하였고, 당회를 조직하여 노회에 총대 뿐 아니라 총회 총대로도 나오게 하였다. 그 후 어느 총회에서 나는 이북면 나환자교회에서 온 총대들을 만났는데, 나는 그들을 몰라봤으나 그들이 나를 찾아 인사하였다. 그때도 그들은 다시 감사의 말을 하였으며, 나를 평생 잊지 못하겠다고 하였다.

사택을 마련한 일은, 때를 따라 도와주시는 하나님의 은혜를 다시 한 번 실감케 한 잊을 수 없는 사건이었다. 김해병원(金海病院) 원장 부인이 교회에 나오게 되었는데, 그 동기는 다음과 같다. 두 아들이 있어 서울에서 공부를 하고 있다가 육이오동란이 터졌다. 두 형제가 같이 남쪽으로 피란을 오다가 경북 성주(星州)에서 폭발한 파편에 맞아 형은 죽고, 동생만 살아서 왔다. 그 어머니는 자정(子情)이 많은 분이라 밤낮 아들 생각에 눈물로 세월을 보내고 있었다. 그 남편이 보다 못해 교회에 가면 위로를 받을 수 있을 것이라 해서, 남편의 권유로 교회에 나오게 된 것이다.

하루는 그 원장이 찾아와서 의논하기를, 부인이 아들 시신을 김해로 이장(移葬)하기를 원하나, 그리하면 밤낮 무덤 옆에서 울고불고 할 것이니, 목사인 내가 부인과 같이 시신이 있는 성주에 가서, 부인을 잘 이해시켜 시신을 화장(火葬)을 해서 그 유골(遺骨)을 강물에 뿌렸으면 한다고 하였다. 힘든 일이지만 허락을 하였다. 날짜를 정해 경찰서장에게서 지프차를 한 대 빌려, 그 부모와 작은아들과 같이 새벽에 일찍 출발하였다. 대구에서 아침 식사를 하고, 낙동강을 건너 성주에 도착하였다. 사망 당시 시신을 매장했던 어떤 할아버지 집을 찾아가 고맙다고 사례를 했다. 괭이와 삽을 빌려 매장한 곳을 파니, 시신이 그대로 있었다. 내 손으로 직접 다 파내고, 장작 한 짐을 사서 임시로 화장터를 만들어 다 태웠다. 유골만 모아 종이에 싸서 돌아오다가 낙동강 강변에 이르렀을 때, 내가 어머니를 잘 이해시켜, 유골은 강물에 다 뿌리게 하였다. 집으로 돌아오니 밤 열시였다.

그 의사 부부는 이 일에 대해 내게 평생 잊을 수 없는 은혜라고 하였다. 그리고 우리가 교회 사택이 없어 고생한다는 말을 듣고, 그들이 새로 지은 집에 이사한 후, 세(貰) 놓으려고 하던 묵은 집을 교회 사택으로 써 달라고 하였다. 비록 헌집이었지만, 우리 식구 살기에는 굉장히 편리하였다. 하나님께서는 이 모양, 저 모양으로 때를 따라 우리를 도와주시었다. 이 확신은 나를 평생 힘과 용기를 잃지 않게 하였다.

입당예배(入堂禮拜)

예배당 기둥을 세우고 지붕 함석까지 덮었으나, 그 이상은 도저히 공사비가 마련되지 않아 공사중지 상태에 이르렀다. 교인들은 돈을 푼푼이 모으고, 밤을 새워 기도하고 안간힘을 다했다. 겨우 가장 얇은 세 치(分) 송판(松板)으로 벽을 막았다. 벽 안쪽은 흙을 발라야 하는데, 그것까지는 할 수가 없었다. 바닥은 마루건 시멘트건 깔 여력(餘力)이 없었다.

그러나 기어이 입당예배를 드리려고, 토요일 늦게까지 온 교인이 목수와 같이 벽에 판자를 붙이는 일을 하였다. 목수가 돌아간 다음 나는 정말로 감사해서 뒤쪽 판자벽에 얼굴을 비비면서 한없이 울었다. 감사해서도 울었지마는, 서러워서도 눈물이 나왔다. "참새도 제집을 얻고, 제비도 새끼 기를 보금자리가 있는데(시편 84장 3절)"라는 성경 구절이 생각이 났다. 우리 교회가 집 없이 지내다가 이제 내일 주일부터는 비록 판잣집이지만 우리 하나님 집에서 예배 드릴 생각을 하니 눈물이 한없이 쏟아졌다.

저녁 식사를 마치고 여러 집사님들이 와서 예배당 흙바닥을 깨끗이 고르고 갈대자리를 깔았다. 주일 새벽기도회부터 새 예배당에 모이니, 그 기쁨이야말로 대리석으로 꾸민 예배당인들 그렇게 기쁘겠는가. 원래 우리가 떠나온 교회가 하나도 부럽지 않았다.

그날 대예배는 대성황이었다. 묵도로 예배가 시작되면서 이곳저곳에서 흐느끼는 울음소리가 들리기 시작했다. 이어 감격의 시송(詩頌), 영광이 넘치는 찬송소리, 감사의 기도, 은혜가 충만한 설교, 그때 그 예배시간의 분위기는 지금도 내 기억에서 생생히 살아 있다.

   높은 산이 거친 들이
   초막이나 궁궐이나
   내 주 예수 모신 곳이
   그 어디나 하늘나라

하고 부를 때 비록 거친 갈대자리지만 꽃방석보다 더 아름다웠다.

아버지의 수연(壽宴)

1952년 음력 12월 21일은 아버지 회갑(回甲, 또는 還甲이라고도 함)이었다.

회갑이란 만 육십 세 되는 해 생일을 말하며, 이때 자녀들이 부모가 더욱 만수무강(萬壽無疆)하시기를 축원(祝願)하는 의미에서 친지들을 모시고 잔치를 베풀고, 부모에게 헌수례(獻壽禮, 잔을 올리면서 長壽를 비는 의례)를 드린다. 이것은 우리나라 조상전래(祖上傳來)의 전통적인 효도행위(孝道行爲) 또는 효도표현(孝道表現)이요 미풍양속(美風良俗)이다. 한국사회는 예부터 유교의 영향을 크게 받았으며, 따라서 충효(忠孝)가 크게 강조되었다. 특히 충신(忠臣)은 효자(孝子)의 가문에서 난다고 하여, 효도를 크게 숭상(崇尙)하여 왔다. 공자(孔子)도 "오형(五刑)에 처할 죄(罪)가 삼천이나 되어도 그 중 불효죄(不孝罪)가 제일 크다"라고 했고, 주자(朱子)도 "팔형(八刑)에 처할 죄가 많으나, 가장 큰 죄는 불효죄"라고 하였다. 그러나 유교의 가르침 중 유감스러운 것은 그 효도가 생전(生前) 효도보다 사후(死後) 효도, 즉 제사(祭祀)를 모시는 것을 중요시하는 것이다.

우리 예수 믿는 사람도 믿지 않는 사람 못지않게 효도해야 한다. 성경(聖經)의 교훈은 부모가 살아 계실 때 효도하라는 것이다. 에베소 6장 1절, "주 안에서 부모를 순종(順從)하라"고 했으니, 이는 하나님의 계명(誡命)이다. 여기서 우리가 기억할 것은 예수 믿는 우리는, 부모 돌아가신 후에 봉제사(奉祭祀)라든가 또한 살아 계실 때의 금의옥식(錦衣玉食)이 아니라, 살아생전에 마음을 기쁘게 해 드리는 동시에 순종을 해야 한다는 말씀이다. 송강 정철(松江 鄭澈) 선생도, "어버이 살았을 제 섬기기를 다하여라. 지나간 후면 애닯다 어이 하리"라고 하셨지 않았는가.

나 역시 아버지의 생신 육십 주년 회갑을 맞이하였으나, 마음 기쁘시게 효도할 만한 형편이 되지 못해 정말 걱정이 되었다. 목사생활에다가 개척을 하고 있으니, 물질(物質)이 넉넉하지 못해 마음이 괴롭기 한량없었다. 예수 믿는 사람은 사후 봉제사가 없는 대신에 생전에 잘할 것이라 모두 나를 주목(注目)하고 있는 것을 생각하니 참으로 안타까웠다.

그러나 내 아내는 수년 전부터 남편 모르게 형편 되는 대로 틈틈이 돈을 푼푼이 모아 고급 선물(膳物)을 많이 준비하였다. 다른 손자들과 우리 아이들 삼남매(성길 아홉 살, 현식 일곱 살, 성희 다섯 살)가 다 올 수 있게 잔칫날을 방학 때인 1월 5일로 잡았다.

그런데 그때가 가장 추울 때였다. 그리고 눈이 몹시 와서 몇 시간이면 갈 수 있는 길(김해-마산-진주-산청)이 꼬박 이틀이 걸렸다. 아침 일찍 출발하였으나 마산에 도착했을 때 진주 갈 길이 눈으로 막혀 차가 없었다. 혹시나 하고 신마산 대거리에서 진주 가는 트럭이라도 있으면 잡아타려고 기다리는데, 눈보라는 치고 아이들은 추워 발을 동동거리고 참 고생을 했다. 마침 트럭을 하나 잡아 짐 싣는 칸에 탔다. 너무 추워하니까 운전사가 어린아이 둘은 앞 칸 운전석에 앉혀 주었다. 양촌을 지날 때 아이들 외삼촌이 보이기에 짚을 몇 단 얻어 깔았더니 좀 견딜 만했다. 고갯길에서 차가 눈길에 미끄러질 때, 그 짚을 깔아 겨우 고개를 넘었다. 조심조심 차를 몰아가니, 진주에 도착했을 때는 이미 밤이 깊어 있었다. 큰형님 댁에서 밤을 지내고 새벽에 시외버스 정류장에 나갔는데, 어찌 추웠던지 아이들이 울기 시작했다. 겨우 고향 앞에 내려 언 강물을 깨면서 나룻배로 건너 눈 쌓인 고개를 걸어서 아버지 집에 도착하니 열두시가 다 되었다. 우리를 걱정하며 학수고대(鶴首苦待)하시던 아버지와 식구들은 굉장히 기쁘게 맞아 주었다. 이렇게 여행길 이야기를 길게 쓰게 된 것은 그때 너무 추워 고생했던 것이 기억에 남아 있기 때문이다.

특히 아버지는 우리 어린 삼남매를 사랑하셨다. 또 예수 믿는 것만은 내내 싫어하셨지만, 나무랄 데 없는 며느리 아닌가. 더구나 이번 회갑 때

주단으로 상하의복, 마고자에 모직 두루마기, 그리고 시어머니, 시숙, 시동생, 동서, 시누이, 심지어 조카들까지 하나 빠짐없이 작은 것이나마 선물을 마련했고, 케이크, 과자, 과일까지 가져갔으니 모두 기뻐하였다.

다음날 헌수례를 드릴 때, 성길이 형제가 나와서 준비한 노래를 부르고, 성희가 무용을 하니, 할아버지는 눈물을 흘리며 기뻐하셨다. 눈물을 흘린 것은 또한 그 사이 죽은 아들들을 생각하셨기 때문이었다. 우리 아버지는 표시는 별로 없어도 자정(子情)는 많으신 분이다.

그 후 아버지는 위장병으로 오래 고생하시다가 1967년 칠십오 세를 일기로 세상을 떠나셨다.

아버지는 우리가 예수를 믿는 것을 싫어하셨다. 늘 내가 사업하지 않고 목사된 것을 못마땅하게 생각하셨다. 그러나 지금은 우리 집안 큰형님 내외와 둘째, 셋째 형수님, 동생들 내외, 장조카를 비롯한 조카들이 거의 다 교회에 나오고 있다. 혼자 예수 믿고, 일본으로 신학하러 도망쳤을 때를 생각하면 참으로 감사하고 감회(感懷)가 깊다.

의자 문제로 사면(辭免)

그때만 해도 시골교회, 특히 우리 교단 교회에서는 대개 의자 없이 마룻바닥에 앉아 예배를 드렸다. 피란 왔던 이민우 집사가 교회 마루 놓는 데 보태라고 일금 이십만 원을 헌금해 주었다. 그러나 그 돈으로는 마루를 놓을 수가 없어, 그 액수만큼 의자를 놓으면 어떨까 생각했다. 이 문제를 제직회(諸職會)에 내놓고 의논하니 대부분 찬성을 했으나, 한두 분이 반대를 했다. 그 반대하는 이유는, 어떻게 감히 불경스럽게 의자에 앉아 예배를 보며 기도를 하겠는가 하는 것이었다. 그러나 나는 지금은 반대를 하나 언젠가 시간이 흐르면 이해할 것이라 생각했다. 그리고 근처 공병대 군인들이 교회에 많이 오는데, 군화를 신고 오는지라 마루보다 의자가 낫겠다 싶었고, 또 교회 위치가 시가지 한가운데라 신 신은 대로 교회에 들어오면 여러 가지로 편리하겠다 싶어 의자 제작을 강행하였다. 그러나 그것이 결국 말썽이 되어 교회 안에 시험(試驗)이 될 것 같았다. 나는 그때, 이제 그만 사면할 때가 된 것으로 판단하였다.

그 후 내가 떠난 뒤, 안동(安東) 남문교회(南門教會)에서 시무하던 이성옥(李成玉) 목사가 부임했는데, 소문을 들으니 끝내 그 의자는 팔아 없애고 마루를 놓았다는 것이다. 그러나 그 후 다시 의자를 놓았다고 한다. 내 생각에, 그때 의자 생각을 한 것은 우리 교단에서는 선각자(先覺者)였던 셈이다. 그 후 피란민이 다 돌아가도 교회는 이백여 명이 모이는 큰 교회가 되어 있었다.

내가 김해중앙교회를 시무할 때 사랑의 수고를 하신 분이 많았으나, 특히 기억나는 분은 신봉도 장로, 김강한 장로, 장이상 집사, 구상업 집사 등이다. 피란생활의 고생 중에도 전심전력으로 충성을 다해 교회를 섬긴 분으로, 신경호 장로(현 삼선교회 시무), 홍승복 권사(현 영락교회 시무), 박금란 전도사(현 부산대신동교회 시무), 이인영 권사(현 시촌감리교회 시무)가 계신다. 홍승복 권사는 교사로 일하다가 현재는 은퇴했는데, 지금까지 성탄(聖誕) 때마다 잊지 않고 우리 집을 찾아 주어 그 한결같은 사랑에 참으로 감사하게 생각한다. 가끔 박금란 전도사가 서울에 오면, 홍 권사, 이 권사 들이 서로 연락하여 같이 우리 집에 모였는데, 옛날 김해중앙교회 이야기로 종일 시간 가는 줄도 몰랐다.

신마산교회 신축

신마산교회(新馬山敎會) 부임

김해중앙교회에서 시험이 일어나 사면을 생각하고 있을 때, 마침 신마산 교회에서 청빙이 왔다. 당장 그 자리에서 허락을 하였다. 그 후 진해교회 (鎭海敎會)에서도 청빙이 왔으나 이미 때가 늦어 허행(虛行)을 하고 돌아갔다.

1953년 가을, 노회로부터 허락을 받고 10월에 이사를 갔다.

신마산교회는 원래 해방 직후 김재규 목사가 개척했던 교회이다. 그러나 최근 총회측 교인과 고신 측 교인 사이에 분규가 일어나 고신 측 교인들이 분리해 나와 세운 교회였다. 아직 개척상태(開拓狀態)에 있던 미조직(未組織) 교회였다. 예배처소는 일제강점기 때 세웠던 조그만 도서관이었는데, 약 이십 평 된 낡아빠진 단층 건물이었다. 사택은 그 옆에 방 두 개를 달아낸, 비가 새는 허물어져 가는 적산(敵産) 집이었다. 위치는 마산 앞바다와 항구가 내려다보이는 곳에 있었다.

내가 부임하면서 교회는 하나님의 은혜로 날로 부흥되었다. 새 교인들이 모여들어, 일 년 동안에 최고 이백팔십 명까지 모였다. 나는 매 토요일

동명보육원의 성탄축하 연주회. 1956년 12월 25일.
신마산교회 옆에는 박순이 집사가 경영하던 동명보육원이 있었는데,
내가 자주 심방을 하고 기회 있는 대로 신앙적으로 권면을 하였다.

마다 철야기도(徹夜祈禱)하면서 설교 준비를 하였고, 주일 아침에는 금식(禁食)하였다. 교회는 주일마다 은혜가 넘쳐 마치 부흥회를 하는 것 같았다.

교회 옆에 동명보육원(東明保育院)이라는 전재고아(戰災孤兒)들의 고아원이 있었다. 이 고아원의 원장 부부는 신앙적으로 초신자(初信者)에 불과했다. 그러나 내가 자주 심방(尋訪)을 하고 기회 있는 대로 신앙적으로 권면을 하였다. 또 매주 목요일마다 저녁에 그 고아원에 가서 집회를 열어 말씀을 가르치고 간절히 기도로 도왔다. 고아원의 분위기는 점차 바뀌어 원장 부부는 열심히 교회에 나왔고, 원아(院兒)들은 모두 순량(順良)해지고 유년주일학교와 중고등부에 동참하였다. 그리고 직원, 식모(食母)들도 다 교회에 나왔다. 교회는 물심양면(物心兩面)으로 큰 도움을 받았다. 원모(院母) 박순이 씨는 첫 열심, 첫 사랑으로 교회를 열심히 봉사하였으며, 곧 세례도 받고 집사까지 되었다. 고아원 건물이 너무 낡아 새집으로 옮겨가게 되었을 때, 원래 쓰던 땅 팔십 평을 파격적인 싼값, 즉 십만 원에 거의 교회에 바치다시피 내놓았다.

예배당 건축 착공

교회도 부흥되고 교회 대지(垈地)도 백팔십 평으로 확장이 되니, 이곳저곳에서 예배당 짓자는 소리가 나기 시작했다.

어느 주일 예배 후 제직회가 모여 예배당 건축기성회(建築期成會)를 조직하였다. 쇠뿔은 단김에 빼라는 속담이 있듯이, 이 은혜로운 분위기에 우선 건축헌금(建築獻金)을 작정하여 보자는 말이 나왔다. "내가 십만 원 하겠습니다", "나도 십만 원 하겠습니다." 이렇게 작정하는 사람이 몇 분 나오자, 오만 원, 삼만 원, 이만 원 또는 만 원을 작정하는 분이 많이 나왔다. 그날 작정한 헌금 합계가 약 백만 원이 되었다. 의외로 많은 헌금이 작정되어 모두 다 기뻐하였고, 또 진심으로 감사하였다. 그 당시 신마산교회에는 진심으로 기도하는 분이 몇 분 있었는데, 그들은 종종 밤을 새워 가며 기도하였다. 나는 이렇게 건축헌금이 순조롭게 작정된 것은 이분들의 기도가 하나님께 상달(上達)되었기 때문이 아닌가 생각한다.

기성회가 조직되고 헌금도 작정되었으나 실제 건축일은 언제 시작될 것인지 정하여지지 않아 모두 안타깝게 생각하고 있었다. 이때 이재순 집사가 갑자기 서울로 이사를 가게 되어 자기 집을 팔았는데, 집 팔아 받은 돈 육만오천 원 중 오만 원을 교회에 건축헌금으로 내놓았다. 이 헌금이 계기가 되어 드디어 예배당 건축이 착공되었던 것이다. 이재순 집사는 서울에 온 뒤, 내가 서울 서문교회를 맡았을 때 그 교회로 나왔으며, 나중에 강서교회를 개척할 때도 나를 도와 큰 수고를 해 주신 잊지 못할 분이다. 그 후 권사로 취임했고, 1988년 4월에 숙환으로 별세하였다.

나는 이 집사의 헌금을 받은 다음날, 구마산형무소(舊馬山刑務所)에 가서 벽돌 오만 장을 주문하고 계약하였다. 그때부터 나의 머리는 예배당 짓는 일로만 가득 차 있었다. 기회가 있는 대로 예배당 모양 그리기를 했는데, 완공할 때까지 몇 번이나 고쳐 그렸는지 모른다.

이제 벽돌까지 준비를 했고, 작정한 헌금도 곧 들어올 것으로 믿고, 착공하는 것이 주의 뜻인 줄 알고 우선 기도하고 기초를 파기 시작했다. 기공예배는 나중에 드리기로 했다. 그러나 할 수 있는 한, 다른 도움을 받는 것이 좋은 줄 알고 마산항(馬山港)의 미군부대(美軍部隊)에 가서 사정을 말하고 도움을 청했더니, 트럭 석 대를 쓰라고 빌려 주었다. 교인 수십 명이 동원되어 북마산(北馬山) 석전(石田) 냇가에 가서 기초에 넣는 굵은 돌과 작은 자갈을 쓰고도 남을 만큼 실어 왔다. 기초공사에는 땅 파는 인

공사 중인 신마산교회. 1956년.
신마산교회는 날로 부흥하여, 건축기성회를 조직하고 교인들 모두의 눈물과 정성으로 화강석으로 외장한 아름다운 교회를 건축할 수 있었다. 신축공사 중인 교회당의 주 입구 부분.

부만 고용하고, 그 외에는 돈 들이지 않고 훌륭하게 잘 했었다.

기초를 끝내고 벽돌을 쌓아 올리기 위해 형무소로 가서 주문한 벽돌을 달라고 하였다. 그러나 사무원이 "미안하다. 사정상 계약은 해약해야겠다"며 일방적으로 해약하고 돈 오만 원은 돌려주었다. 나는 항의하였으나, 할 수 없이 낙심(落心)한 채 돌아올 수밖에 없었다. 기성회가 모여 대책을 논의했다. 그때 한 청부업자가 찾아와 이미 벽돌을 살 수 없게 되었고, 시멘트벽돌은 지금부터 만들어야 하므로 시간이 걸리니, 돌로 지으라고 권하였다. 그리고 마산 무학산(舞鶴山) 돌은 유명한 화강석으로 값은 벽돌보다 약간 비싸나, 그 가치는 벽돌에다 비할 수 없다고 하였다. 그래서 그 말을 받아들이기로 하고 오만 원으로 계약하였다.

그 이튿날 아침부터 돌이 들어오기 시작하면서, 석공들이 와서 치석(治石)하기 시작하였다. 예배당 공사장에는 돌과 자갈이 산더미처럼 쌓여 있고, 석공들은 소리를 하면서 돌을 깨고 쪼니 교인들도 모두 기뻐하였다. 믿지 않은 동네 사람들도 놀란 얼굴들이었다. 나도 한편 기쁘기도 하고 한편 겁도 났다. 일은 시작되었는데, 이 일을 어떻게 감당할 수 있을까. 단층으로 평면 백 평을 지어야 한다면 최소한 천만 원 공사는 되겠는데, 이 공사비가 모두 어디서 나온단 말인가 하고 생각하니 고민이 되지 않을 수 없었다.

건축가의 버린 돌

이제 돌을 쌓아 올려야 하는데, 자갈은 이미 마련되었고, 필요한 것은 모래와 시멘트였다. 다시 미군부대에 가서 간청했더니, 즉각 트럭을 쓸 수 있도록 허락을 해 주어 모래는 해결하였다. 그러나 시멘트가 문제였다. 바로 이때 한 생각이 났다. 당시 신마산 대거리에 화력발전소(火力發電

所)를 건설하고 있었는데 거기서 매일 상당한 양의 시멘트가 남아 버려진다는 말을 들은 기억이 났다. 나는 이것이 하나님의 은혜인 줄 알고 당장 찾아갔다. 첫날은 사장을 못 만났다. 다음날 새벽기도를 마치고 식사도 하지 않고 바로 회사 정문에 서서 사장이 출근하기를 기다렸다. 이유는, 사장 비서가 그 시멘트를 얻을 욕심으로 내가 사장을 만나는 것을 싫어해서 항상 사장이 자리에 없다고 나한테 거짓말을 했기 때문이었다. 그렇게 지켜 서 있어도 사장 만나는 것을 여섯 번이나 실패하고 허행(虛行)을 했다.

이레째 되는 날에는 낮 열두시까지 정문에 서서 기다리니, 마침 사장이 들어왔다. 사장이 오는 것을 내가 봤기 때문에 비서도 할 수 없이 나를 사장에게 안내하였다. 사장실에 들어가서 사정을 말하고 도움을 청했다. 사장이 하는 말이, 예배당을 짓는다는데 새것, 좋은 것을 드리지 못하고, 못쓸 것, 버릴 것을 어떻게 드리느냐고 하였다. 나는 순간 무슨 말을 할지 몰라 잠깐 기도했다. "하나님, 저 사장의 마음을 감동시켜 주시고 또 내가 무슨 말을 해야 할지 가르쳐 주옵소서"라는 시편 108장 22절 말씀이 기억났다. 그래서 "건축가의 버린 돌이 집 모퉁이의 요긴한 돌이 되지 않았느냐"는 구절을 인용하면서, 당신들이 버린 것이라도 하나님의 교회에서는 요긴하게 쓰인다고 대답하였다. 사장이 하는 말이, 그 말에 내가 안 줄 수 없다고 하면서 자기 회사 차로 다 실어다 주겠다고 하였다. 나는 고맙다고 인사를 하고 감사한 마음으로 돌아왔다. 즉시 몇 트럭인지 기억이 안 나나 교회 앞에 산더미같이 시멘트를 쌓아놓고 갔다. 시장에서 시멘트 부대종이를 있는 대로 사다가 담으니 수백 부대가 되었다. 그 시멘트로 예배당 건축에 다 쓰고도 남아 예순 부대는 시장에 내다 팔기까지 하였다. 미처 드리지 못한 기공예배는 건축 도중 이학인 목사를 강사로 모신 부흥회 중에 드렸다.

  나는 할 수 있는 대로 연보(捐補)를 강조하지 않는 신념을 가지고 있다. 또한 교회를 짓는다고 이웃 교회나 노회, 총회에 도움을 청하지 않았다. 경제적으로 허락이 되는 대로 공사를 하되, 없으면 중지를 하였다. 무리하거나 빚을 내지 않고 하나님이 도와주시는 대로 공사를 한다는 신념이 있었다. 김해중앙교회 건축 때도 그랬고, 서울 서문교회에서 예배당을 건축했을 때도 그랬으며, 강서교회 건축 때도 그러했다. 그래서 어떤 때는 크게 짓지도, 또 호화롭게 짓지도, 빨리 짓지도 못했지만, 반면에 빚도 없고, 헌금 때문에 시험도 없었다. 나는 지금도 이 신념을 좋다고 생각한다. 그리하여 착공한 지 삼 년 만에 준공했다. 비록 공사 진행이 늦고 답답했으나 마음은 편했다.

성찬식(聖餐式) 중 아들이 추락하다

첫 목회지 인동교회에서, 그리고 김해교회에서 피땀 흘린 고초(苦楚)를 겪었을 때도 힘들었지만, 이번에도 평생 잊을 수 없는 심리적 고통(苦痛)을 경험하였다.

  1956년 춘계 성례식(春季 聖禮式) 때, 떡을 들고 축사한 후 머리를 들고 회중(會衆)을 바라보았을 때였다. 예배당 종각공사 도중이라 판자를 걸쳐 놓았는데, 그 높이가 약 오 미터가 되었다. 밑에는 아직 쌓지 않은 돌들이 여기저기 놓여 있었다. 강단에서 눈을 들면 바로 정면에 종각이 보인다. 내가 눈을 드는 순간, 그 위에서 장난으로 올라가 놀던 작은아들 현식(당시 열 살)이가 아래로 추락하였다. 나는 그 순간 성찬기(聖餐器)를 들고 그 추락을 보고 있었다. 그 높이에서 돌들 위로 떨어졌으니, 나는 아이가 죽는 줄 알았다. 그러나 나는 성찬식 중이라 아이가 떨어졌다는 말을 할 수 없었다. 모든 교인들이 기도하고 예수님의 살을 기념하는 떡을 받는 그 순간인데, 내가 아이 떨어졌다는 말을 하면 어떻게 되겠는가. 그러나 아이가 떨어져 죽는데 그대로 둘 수가 없어, 어떻게 해야 할지 몰랐다. 달려갈 수도 없었고, 고함칠 수도 없었다. 당시 교회에 장로가 없어 나 혼자서 성찬식을 진행해야 했기 때문이었다. 마음이 떨리고, 손이 떨리고, 발이 떨리고, 전신이 떨렸다. 그 순간 한 청년이 교회로 오다가 아이가 떨어지는 것을 보고 뛰어와서 축 늘어진 아이를 안고 사택 쪽으로 가는 것을 보았다. 그러나 교인들은 강단 쪽을 보고 있었는지라, 아무도 이 일을 알지 못했다. 나는 정신없이 성찬식을 계속했다. 기도도 하고 찬송도 했으나 무엇을 어떻게 했는지 모른다. 정신없이 예배를 마치고 사택으로 뛰어갔다. 의사가 와서 진찰하고 치료하고 있었는데, 하는 말이 "목사님, 놀라지 마십시오. 아이는 하나도 다치지 않았습니다. 상처 하나 없고 조금 놀란 것뿐입니다. 안정만 시키세요" 하고 돌아갔다. 내가 "현식아" 하고 부르니, "예" 하고 대답을 했다. 나는 그제야 안심하고, "하나님 감사합니다. 꼭 죽은 아이인데, 기적(奇蹟)으로 살려 주시고 천사(天使)가 받들어 손가락 하나 다치지 않은 줄로 압니다. 아니, 죽은 아이를 하나님께서 살려 주셨습니다" 하고 기도하였다.

이렇게 해서 성찬식도 지장 없이 잘 마치고, 아이도 살려 주셔서 감사하였다. 그리고 무엇보다도 예배 중에 내 마음을 경거망동(輕擧妄動)하지 않도록 지켜, 그 위기를 견디게 해 주신 것, 내 믿음을 붙들어 주신 것을 감사하였다. 하나님께서 왜 나에게 이런 시험을 주셨을까. 그러나 나는 그 시험을 이기게 해 주신 것을 감사할 뿐이다.

박기창 장로장립식(위, 1955년경)과 최소림 장로장립식(아래, 1961년).
신마산교회는 해방 직후 일본에서 귀국하는 등 모두 생활기반이 굳건하지 못한 가난한 분들이었으나, 모두들 정성을 다해 교회를 섬겼다. 특히, 박기창, 박기혁 형제 집사(두 분 다 장로가 됨)가 주축이 되었고, 내가 전도하여 예수 믿고 장로장립까지 한 최소림 씨 등은 평생 잊을 수 없다.

신마산교회 부인전도회의 송별회 사진. 1958년 3월 18일.(위)
충성스런 여집사님들의 눈물과 정성은 그 누구도 비길 데 없다.
박순이 집사(동명보육원 원모), 최인경 집사, 이재순 집사, 박점례 집사 등이
그러한 분들이다. 신마산교회를 떠난 후 지금까지도 서로 돕고 의지하는
신앙의 형제자매로 지내고 있다. 내가 신마산교회를 떠나면서
여집사님들과 가진 송별회 기념사진이다. 앞줄 맨 왼쪽이 아내.

신마산교회 학생회 제11회 졸업기념. 1962년 2월 21일.(아래)
나는 평신도로서 함양교회를 섬길 때부터, 또한 목사로서 목회할 때,
유년주일학교와 중고등부 및 대학부의 학생신앙운동(SFC)의 육성을 통하여
어린이와 젊은이들의 전도에 힘썼다. 특히 신마산교회는 학생신앙운동을 통하여
교회와 사회를 위해 봉사하는 훌륭한 신앙인들을 많이 배출하였다. 내가 퇴임한
후에도 학생신앙운동은 지속적으로 성장, 발전하였다. 사진은 퇴임 삼 년 후,
후임 전성도 목사님을 모신 신마산교회 학생신앙운동 졸업식이다.

폭우 속의 입당예배(入堂禮拜)

새 예배당을 신축하는 도중에는 구(舊) 예배당을 써야 했기에, 구 예배당을 가운데 두고 그 바깥에 새 예배당 벽을 사방에서 쌓아 올려 갔다. 마지막에 새 예배당 지붕을 덮고 안쪽의 구 예배당을 헐기로 했다. 그리고 내부공사, 즉 벽이나 마루공사를 하지 못했어도 땅바닥에 돗자리를 깔고 일단 입당예배를 드리려고 계획했다. 그러나 공사에 차질이 있어, 구 예배당을 헐었으나 지붕을 미처 다 덮지 못한 상태에서 입당예배를 보게 되었다. 그날, 하필 아침부터 종일토록 폭우(暴雨)가 쏟아졌다. 예배시간이 되어도 비가 계속 내렸다. 할 수 없이 임시로 강단을 만들고, 교인들은 우산을 들고 서서 예배를 보았다.

빈 들에 마른 풀같이 시들은 나의 영혼
주님의 허락한 성령 간절히 기다리네

하는 찬송가를 실감나게 불렀다. 평생에 잊을 수 없는, 특이하고 색다른 예배를 드렸다.

그 후, 크게 돈 들 일은 마루를 까는 일이었다. 이 또한 순전히 하나님의 은혜로 했다. 마루를 깔 목재는 당시 시세라도 거액이었다. 그때 마침 마산항만청(馬山港灣廳)에 나왕이라는 종류의 목재가 산같이 쌓여 있었으나, 견고하기가 돌 같아 전혀 팔리지 않고 있다는 소문을 들었다. 나는 다시 미군부대에 요청을 했더니, 거저 얻다시피 싸게 구입할 수 있었다. 문제는 어떻게 작업하느냐였다. 나무의 성질을 아는 목수들이 힘든 일을 하지 않으려는 것이었다. 마침 한 젊은 목수가 있어, "죽기 아니면 살기로" 일을 해서 그 마루를 다 깔았다. 그러나 또 문제는 그 목수에게 줄 임금이 없었다. 나는 다시 하나님께 간절히 기도했다. 마루 일을 마치는 날 새벽기도를 하고 돌아오니, 아내가 결혼 이후 간직해 왔던 패물(佩物)을 다 내놓았다. 그것들을 다 처분하니 삼만 원이었다. 그 돈으로 겨우 임금을 줄 수 있었다.

이렇게 하여 온 성도들이 눈물로, 있는 정성을 다해서 예배당을 지었다. 그 중에서도 크게 도와주신 분, 지금도 잊을 수 없는 분이 몇 분 있다. 동명보육원 원모였던 박순이 집사, 의사였던 최인경 집사, 이재순 집사, 박점례 집사 등이 그러한 분들이다. 특히 박점례 집사는 남편이 믿지 않은 관계로 교회에 큰 헌금을 하지 못했지만, 밤새워 기도하며 애를 썼고, 나중에는 자기가 가지고 있던 금은패물(金銀佩物)을 건축헌금으로 바쳐, 나는 그 감사한 마음을 평생 잊을 수 없다. 남자 집사 중에는 박기창, 박기혁 두 형제 집사들, 그리고 윤영로 집사가 계셨는데, 모두 해방 직후 일본에서 귀국하신 분들이라 생활이 넉넉지 못한 중에도 교회에서 초창기부터 기둥 같은 역할을 해 주신 분들이다. 또 한 분 잊을 수 없는 일은, 최소림 씨를 전도하여 나중에 장로까지 되게 한 일이다. 처음 이사왔을 때 식구들만 교회에 나왔는데, 아내가 주일마다 예배 전에 심방 가서 권하여 드디어 그도 교회에 나왔다. 나중에 내가 신마산교회를 떠난 후 장로장립(長老將立)을 받았다. 지금 부산 수정교회에서 장로로 시무 중이다.

서울 서문교회 시절

서울로 진출

우리 고신교단(高神敎團)은 일제강점기 때의 신사참배(神社參拜) 문제가 계기가 되어 경남지방에서 일어난 진리운동(眞理運動)으로 형성된 교단이다. 또한 그 이름에서 보듯이, 고려신학교(高麗神學校)를 중심으로 부산에서 발족한 교단이기 때문에 소속 교회들이 부산, 경남, 경북 지역에 집중되어 있었다. 서울에도 교회가 몇 개 있었으나 그것마저 교단적으로 시험이 되어 경기노회(서울, 충청도, 강원도 지역 포함)가 총회에 대해 행정보류(行政保留)를 선언하고 사실상 탈퇴(脫退)하여 버렸다. 서울의 남은 몇 교회는 아직 총회에 속해 있었으나 수가 적어 노회(老會)로서 활동은 하지 못하고 있었다. 그러나 노회를 폐지할 수도 없어, 노회가 모일 때마다 총회에서 노회원 부족을 채우기 위해 지방위원(地方委員)을 파송하였다. 나도 그 위원의 한 사람이 되어 서울에 파송되어 와 보니, 서울에서 고신교단의 교회를 개척(開拓)하는 것이 꼭 필요한 일인 줄 깨닫게 되었다.

서울 진출의 꿈을 안고 기도하는 중 마침 서울중앙교회의 윤봉기 목사가 서울 서문교회를 소개하였다. 서문교회는 한 해 전에 개척은 되었으나, 그 사이 몇 분 목사님에게 소개되었음에도 불구하고, 모두 와서는 못하겠다, 자신 없다 하고 아무도 오지 않고 있다는 것이었다. 나는 생각하기를, 신마산교회는 이제 큰 교회가 되었고 예배당도 석조건물(石造建物)로 크게 잘 지었으니, 이제 어떤 목사를 청빙해도 올 터이니 안심해도 되므로, 서울로 와서 서문교회를 개척하는 것이 어떤가 하였다. 이번에도 역시 사도 바울이, 환상 가운데 마게도냐 인이 나타나 청하기를, 마게도냐로 건너와서 자기들을 도우라는 음성을 듣고 즉시 아시아로 갈 계획을 변경하여 마게도냐로 갔다는(사도행전 16장 10절) 생각이 났다. 그리하여 수도(首都) 서울로 진출하기로 결단을 내렸다. 물론 고생을 각오하고 서울로 왔으나, 사실인즉 생각보다 고생이 몇 배로 극심하였다.

서울로 이사

신마산교회를 사면한 것은 흔히 있듯이 목사와 교인 간에 시험(試驗)이 있었던 것도 아니요, 또는 서울에 좋은 교회, 큰 교회로 가기 위한 것도 아니요, 다만 우리 교단이 부산, 경남 지역에만 편재(偏在)되어 있어, 서울 중앙에도 진출(進出)되어야만 발전이 되리라는 생각 때문이었다.

그러나 신마산교회 교인들은 이유 불문하고 못 간다는 것이었다. 몇 달 동안이나 교인들은 공적으로나 사적으로 찾아와서 이모저모로, 심지어 어떤 이는 눈물로 강경하게 만류하니, 시간이 상당히 걸렸고 또 내 마음도 심히 괴로웠다. 그러나 내가 사면한다는 것은, 별 이유 없이 한번 옮겨 보겠다는 그냥 해보는 말이 아니었기에, 나의 마음은 변함이 없었다. 결국 마산을 떠나게 되었다.

1958년 3월 28일 토요일, 신마산역(新馬山驛)에서 많은 성도들의 환송을 받으며 출발하였다. 그날은 유난히도 아침 바닷바람이 쌀쌀하였다. 기차가 구마산역(舊馬山驛)에 정거하였을 때, 거기서도 문창교회(文昌敎會) 교인들과 동광교회(東光敎會) 교인들이 나와 환송의 손을 흔들어 주었다. 삼랑진, 대구, 대전을 지나 석양에 서울에 도착하였다. 서울역을 나오는데 너무도 추웠다. 서문교회 교인들이 마중을 나왔다. 허명람 집사 댁으로 인도되어, 이삿짐이 올 때까지 그 집에서 며칠을 머물렀다.

초라한 천막교회

그날 밤이 지나고 주일이 되어 교회로 갔다. 그동안 임시로 여러 목사들이 한 주일씩만 예배를 인도하기 위하여 다녀가기만 했는데, 이제 정식으로 부임한 담임 교역자가 왔으니 교인들은 모두 기뻐하는 것 같았다.

교회는 서대문구청 뒤편 언덕 위에 있었다. 근처 사는 어떤 분의 비어 있는 땅을 빌려 천막을 치고 돗자리를 깔아 놓은 초라한 교회였다. 교인은 당시 육십여 명 모이고 있었다.

한 주일, 두 주일 지나는 가운데 교인들의 숫자가 늘었고 분위기도 좋아졌다. 한 여집사가 남편 따라 대전으로 가 있었는데, 새 목사가 왔다는 말을 듣고 보러 왔다. 와서 보고는 자기네들끼리 하는 말이, 이제는 안심이다 하며 서로 웃는 얼굴로 인사를 주고받는 것을 보고 나도 잘 왔다고 안심이 되었다.

사택을 가 보니 북아현동 골짜기에 있는 어떤 오래된 한옥의 문간방 두 개를 세(貰) 얻은 것이었다. 사명감으로 교단을 위해서 서울로 왔지만, 부엌도 없는 방 두 개에서 살 것을 생각하니 육신적으로 대단히 한심하였다. 그런 데다가 집주인이 성악을 하는 사람이라, 밤늦게까지 노래

부르는 소리, 피아노 소리가 몹시 시끄러웠다. 방은 삼 년간이나 빈방으로 묵혀 놓아서인지 빈대가 하도 많아 잠을 잘 수가 없었다. 방에 약을 뿌리면 빈대는 천장으로 올라가 나중에 사람 위로 떨어지기까지 하였다. 약 한 달 동안 약을 뿌리며 빈대와 싸웠더니 겨우 살 것 같았다.

사택에서 교회까지 가려면, 북아현동고개를 넘어 걸어가야만 했다. 걸어서 약 이십오 분이 걸렸다. 매일 새벽기도회 때문에 새벽에 갔다 와야 하고, 주일에는 하루 세 번 왕복해야 했다. 그리고 설교까지 세 번 해야 하니 참으로 피곤하였다. 특히 새벽기도 때는 내가 먼저 가서 교회 문을 열고, 난롯불도 피우고, 모든 준비를 다 해 놓고 교인들 오기를 기다렸다.

있는 힘을 다해서 교회를 부흥시켜 보려고 애를 썼지마는, 천막교회에다가 고려파(高麗派)이기 때문에 서울 교인들이 새로 왔다가는 그냥 가 버렸다. 참으로 여러 번 좌절을 겪었다. 나의 마음은 괴로웠다. 그러나 언제나 한 마리 양(羊)을 찾아가는 심정으로 기도하고, 심방하고, 전도하는 생활이었다.

한번은 마산 동명보육원의 원모 박순이(朴順伊) 집사가 찾아와서 우리 형편을 보고는 그대로 엎드려 통곡하면서 하는 말이 "목사님, 서울로 가신다기에 좋은 교회, 큰 교회로 가신 줄 알았는데, 이런 천막교회에서 고생을 사서 하시는 줄 몰랐다"고 할 때 우리들도 같이 울었다. 신마산교회에서 찾아온 사람마다 다 같은 말을 하였다.

그 먼 셋집에서 겨우 겨우 육 개월을 지내고, 교회 근처 충정로로 이사를 했다. 집은 독채였으나 오래된 초가집이었다. 집이 낡아서 대문을 기어 들어가듯 해야 했고, 방이 어두워 낮에도 전등을 켜고 있어야 했다. 여기서 일 년 가까이 살았다.

그러다가 예배당 아래쪽 문산 가는 철로 연변 언덕 위에 대지 사십 평이고, 양기와 건물이기는 하나 낡은 판잣집 같은 방 두 개짜리 집을 매입하였다. 이것을 사택으로 삼고 이사를 다시 하였다. 셋집이 아니니, 불안한 생활을 더 이상 하지 않아도 되었으므로 감사하게 생각하였다.

큰아이 성길이와 둘째 현식이는, 천막교회에 놓여 있는 풍금이 그래도 교회의 유일한 재산인지라, 이를 도둑맞지 않기 위해 평소 아래 사택에 옮겨 두었다가 예배 시마다 짊어지고 교회로 갖다 놓았다. 예배가 끝나면 또다시 짊어지고 내려왔다. 이 일을 몇 년간 예배당 새로 지을 때까지 계속하였다. 비가 오나 눈이 오나, 더우나 추우나, 말없이 이 고생을 하였다. 그리고 겨울에는 주일날 아침마다 먼저 교회에 가서 불을 피웠다. 예배가 끝나면 불을 끄고 풍금을 짊어지고 내려왔다. 그러면서 하는 말이, 주일에는 열세 시간 근무한다고 하면서도 조금도 싫어하는 기색을 보이지 않았다. 귀(貴)하기도 했고 애처롭기도 했다. 어린 삼남매는 커가면서 주일학교, 성가대, 중고등부 등 봉사를 많이 했다.

예배당 건축

서문교회 예배당 건축은 나의 목회생활 중 고생(苦生)의 최절정(最絶頂)이었다. 김해중앙교회를 개척할 때나, 신마산교회당 건축 때도 고생을 했으나, 서울 서문교회당 건축 때 고생한 것과는 비교가 안 된다.

1960년대 당시만 해도 서울은 경상도 출신인 우리들에게는 낯선 객지(客地)였다. 또 서울생활이란, 십 년을 한 동네에 살아도 앞뒷집에 누가 사는지도 모르고, 조석(朝夕)으로 보아도 인사도 없는 생활이다. 그런 데다가, 당시 서문교회 교인들은 자기 집을 가지고 사는 사람이 한 사람밖에 없었을 정도로 모두 가난하였다. 더구나 내가 이전에 교회 지을 때처럼 특지를 기대할 수도 없었다. 그러니 예배당을 건축한다는 것은 보통 일이 아니었다. 그러나 어렵다고 해서 언제까지나 천막교회로 지낼 수는 없는 일이었다. 시간이 걸리더라도 모든 교인이 합심하여 한 푼, 두 푼 모으는 수밖에 없었다. 그리하여 일찍부터 교회당 신축을 위해 '벽돌 한 장 모으기 운동'을 시작하였다.

그때 설상가상(雪上加霜)으로 교회가 빌리고 있던 땅 주인이 땅을 비워 달라고 요구하였다. 이제 셋집으로 옮기든지 예배당을 짓든지 해야겠는데, 어찌하면 좋을지 속수무책(束手無策)이었다. 할 수 없이 임시라도 좁지만 사택이 있는 땅에 예배당을 짓기로 하였다. 천막 친 땅 주인에게 예배당 지을 때까지 비워 주는 것을 연기해 달라고 하여 허락을 얻었다.

이제는 또 예배당 건축허가를 받기 위해 이웃집들의 동의(同意)를 얻어야 했다. 교회당 짓는다고 하면 주민들의 동의 얻기가 불가능하였다. 그래서 일반주택으로 건축허가를 내어 착공하였다. 이웃 사람들은 결국 예배당 짓는 줄 알고 심하게 반발했고, 공사를 방해했으며, 심지어 욕설까지 하였다. 건축허가대로 기초를 하고 일층을 쌓아올리기 시작하였다. 이웃 주민들은 공사를 못 하게 할 수는 없었으나 말싸움을 계속하였고, 날마다 관내 파출소, 구청, 소방서, 동사무소 등의 직원들이 번갈아 찾아와 괴롭게 하였다. 때로는 공사도구까지 다 빼앗아 가니, 얼마나 괴로웠는지 모른다. 번번이 공사 중지를 당하였다.

이렇게 싸움을 거듭하면서 일층을 다 쌓아 올리고 이층을 쌓아 올리기 시작하였다. 이때 순경들과 구청 직원들이 몰려와서 공사를 중지시켰다. 그 사연인즉, 착공할 당시 집 뒤에는 아무것도 없는 언덕이었는데, 어떤 경찰관이 그 땅을 사서 집을 지으면서 우리 교회당이 그 집 땅을 세

치〔寸〕침범했다는 것이었다. 그러니 이때까지 지은 것을 다 헐고 새로 지으라는 것이었다. 나는 그 경찰관에게 사정하였다. 이미 공사가 상당히 진전되었고, 또 침범한 것이 석 자〔尺〕도 아니고, 불과 세 치이니 손해가 되면 얼마나 되겠는가, 그 손해분을 우리 교회가 다 물어 줄 터이니 양보해 달라고 하였다. 아무리 사정해도 기어코 안 된다는 것이었다. 그 이유는 결국 우리 교회당이 이층이 되면 자기 집에 불리해진다고 생각해 교회당을 짓지 못하게 하는 데 있었던 것이었다.

한 해 여름 동안 공사도 못 했다. 여름 긴 장마 동안 목재들이 버섯이 필 정도로 썩어 가는 것을 보고만 있으려니 그 암담한 마음 괴롭기 한이 없었다. 뒷집 경찰은 결국 집을 다 지어 입주까지 했는데, 교회는 공사 중단된 채 썩어 가고 있었다. 다시 한번 찾아가서 하루 종일 사정을 해보아도 그 경찰은 마음이 돌같이 움직일 줄 몰랐다.

나도 지치고 또 무한정 기다릴 수도 없고 해서, 집을 헐고 세 치를 들여 짓기로 결심을 했다. 그 길로 나와 일층 블록 벽을 내 손으로 헐기 시작했다. 벽돌 깨어지듯이 내 마음도 산산이 깨어지는 것 같았다. 주일마다 '벽돌 한 장 모으기 운동'을 벌여, 가난한 교인들이 한 푼, 두 푼 모은 돈으로 산 블록을 내 손으로 때려 부술 때, 내 마음도 박살나는 것 같았다.

형편이 이렇게 되니, 이제는 동네 사람뿐 아니라 통장, 반장, 반대하던 사람들이 미안하다고 인사하기 시작했다. 그 후로는 아무도 공사를 방해하는 사람이 없었다. 그러나 재정(財政)은 계속 어려웠다.

이렇게 어렵게 고생을 하며 예배당을 지었지만, 그것은 나 혼자만의 고생이었다. 일반 교인들은 한 사람도 무엇이 어찌되는지 몰랐다. 뿐만 아니라, 제직들은 도리어 주일날 와서는 잘했느니, 못했느니 하면서 말만 함부로 하고 가 버렸다. 같이 걱정하고 돕는 이는 드물었다. 김해중앙교회와 신마산교회 신축 때와는 너무도 달랐다. 이것이 개척하는 사람의 남모르는 고생이다. 잘했건 못했건, 최후 책임은 다 내가졌다. 목수 한 사람, 인부 한 사람 구하는 일부터 임금 주는 일까지 다 내 손으로 직접 할 수밖에 없었다.

날은 추워져 가고, 일은 진척이 잘 되지 않았다. 크리스마스 전까지는 입당(入堂)되어야 하는데, 마음이 조급해졌다. 최후로, 현재 사는 집을 헐고 이층 마루를 깐 다음, 일층을 사택으로 꾸미고 이층은 교회당으로 꾸며야 했다. 서둘러 이층에 유리를 끼워 방풍(防風)만 겨우 된 상태에서 입당하였다. 그리하여 그해 1965년도 겨울, 크리스마스 축하예배는 새 예배당에서 드릴 수 있었다.

그래도 새 예배당이라 천막교회에 비해 얼마나 좋은지 말로 다 할 수 없었다. 예배당이 좋고 커서가 아니라, 또 남의 땅 천막 신세를 면해서가 아니라, 너무 고생스러웠고, 수모(受侮)를 당하고, 비난과 욕설을 들으면서 눈물과 피땀을 짜내면서 지은 예배당이라, 그 고생이 끝났다는 한 시름 놓은 기쁨이었다. 그래도 크고 좋은 예배당에 입당하는 기쁨에 못지 않는 기쁨이었다.

그리고 목사 위임식(委任式)이 있었다. 1962년도에 합동(合同) 측과 고신(高神) 측이 교단합동(教團合同)을 하면서, 우리 교회도 조직교회(組織教會)가 되어야 한다고 하여 노회에서 서둘렀다. 그리하여 원영호(元永浩) 집사를 부랴부랴 장로로 장립하였다. 그리고 내가 부임한 지 칠 년 만에 목사 위임식을 하였다. 교회가 약했기 때문에 위임식은 요식만 갖추고 모든 것을 간단히 치렀다.

고마웠던 기억

서문교회에서 시무하는 동안 모든 것이 고생스러웠던 것은 아니었다. 천막교회이고 또 일반교인들이 가난하기는 했으나 전체 교회 분위기는 매우 화목(和睦)하였다. 모든 교인들이 가정적 분위기라 했다. 특히 지방에서, 주로 경상도 지방에서 서울로 공부하러 오는 학생들이 서문교회로 많이 출석하여, 대학부나 성가대는 매우 활발하였다. 그들이 교사가 되어 봉사한 주일학교나 여름어린이성경학교는 그 지역에서 큰 성과를 본 전도활동이었다. 즉 박재영(현재 미국에서 목사로 활동 중임), 이만열(현재 숙명여대 교수), 이은화(고 이약신 목사님 따님), 이보민(고 이약신 목사님 외손자, 현재 고신대 교수), 이영자(현재 재미 이상복 목사 부인) 등 여러분들이 교회를 열심히 도와 나에게 큰 힘이 되었다.

가정적으로는 아이들이 공부를 잘해 모두 무난히 대학에 입학하여 고마웠다. 학비가 어려워 모두 가정교사를 해 가며 공부를 했는데, 한편 부모로서 마음도 아팠으나 대견스럽고 고마웠다.

또 한 가지는, 내가 강원도 화천 성산교회 당회장으로 있을 때 그곳 양혜승 집사에게 큰 사랑의 대접을 받은 일이다. 그분은 화천읍에 감리교 목사인 남편과 같이 고아원을 경영하던 분으로, 성산교회의 기둥 같은 분이며 그 지역사회에서도 칭송이 자자하던 분이다. 내가 순회(巡廻) 갈 때마다 과분한 대접을 받았다. 특히 중고등부 학생들이 그곳에서 하기수양회를 가진 일이 있었는데, 숙식을 담당해 주었다. 그리고 북한강 찬물에 목욕하던 일, 화천댐과 파로호를 관광하던 일 등은 즐거운 추억으로 남아있다.

쓰디쓴 기억

이제 쓰디쓴 경험을 이야기해야겠다. 소규모나마 고생 끝에 예배당을 지어 어느 정도 안정이 되었으나, 호사다마(好事多魔)로 교회에 시험이 일어났다. 원래 서문교회의 시작부터 문제가 있었는지, 일부 교인들의 잘못된 처신이 불씨가 되어 시작된 시험이 결국 내가 고생만을 거듭하던 서문교회를 사면하게 하는 데 이르게 된 것이다. 나는 그때, 교회 신축 후 이제 당분간 휴식을 취했다가 다시 노력을 기울여 다음 단계의 교회부흥을 계획하고 있었는데, 모든 것이 허사가 되고 말았다.

그 시험이란 황순덕 전도사와 심상규 집사의 어리석은 배신과, 원영호 장로의 그 우둔한 배척이 그것이다. 황 전도사는 시골에서 서울로 오기를 그렇게 원하여 내가 서문교회에 전도부인(傳道婦人)으로 오게 했던 사람이다. 심 집사는 살아 보기 위해 서울로 왔다가 서문교회로 왔는데, 너무 가난하고 비참해서 의복도 마련해 주고, 양식도 주고, 취직도 시켜 주었으며, 그 아들도 한 교인이 운영하던 양화점에 취직을 시켜 주었던 사람이다. 이 두 사람이 은혜를 갚기는커녕 배신을 하였다. 둘이서 작당하여 원 장로에게 아첨을 하며 나를 중상모략(中傷謀略)하고 고자질하였다.

원 장로가 한번은 느닷없이 찾아와 나더러 무조건 교회를 나가라는 것이었다. 두 달 기한을 줄 터이니, 그 안에 꼭 나가 달라는 것이었다. 이는 말도 안 되는 소리이거니와 무법(無法)하기 짝이 없는 말이었다. 너무도 어이가 없었고, 우습고, 같잖기도 했다. 그러나 원 장로와 그 주변의 몇 사람 때문에 그때는 이미 교회 분위기가 이상해져 있었다. 교회의 어린 학생들이나 순진한 일반 교인들은 아무도 이런 일을 몰랐다. 이 시험은 점점 악화되어 갔다. 어느 주일에 예배를 마치고 일반 교인들과 학생들

松水 記念 1961.8.1

서문교회 대학부 야외예배. 1963년. (p.166 위)
신마산교회를 비롯하여 많은 경남지역의 젊은이들이 상경, 서문교회 대학부 활동의
주축을 이루었다. 이만열 선생, 이은화 선생, 박재영 선생, 전정숙 선생 등이 보인다.
이후 이분들은 목사로서, 장로로서, 대학교수로서 교회와 사회에 중요한 믿음의 일꾼들이 되었다.

서문교회 청년회와 교인들. 1964년 8월 1일. (p.166 아래)
청년회를 비롯해, 신마산교회에서 상경하여 서문교회에 출석하게 된 김익성 장로 가족,
이영자 선생, 서재학 집사, 하종호 집사 등이 보인다.

서문교회 중고등부 하기수양회. 1963년.
강원도 화천 성산교회의 양혜승 집사 내외분은 우리와 주님의 사랑으로 맺어져,
우리를 물심양면으로 도운 참 아름다운 신앙의 동지였다. 어느 해 여름, 두 분의 배려로
서문교회 중고등부 학생들이 성산교회에서 하기수양회를 열었다.
둘째 줄 왼쪽에서 세번째부터 양혜승 집사 내외분과 우리 부부.

이 다 돌아가고 제직들도 뒤따라 나가는데, 누가 원 장로에게 무엇이라 했는지, 그가 교회를 나가다가 살기등등한 얼굴로 들어왔다. 내가 있는 방으로 뛰어들어오더니 곡절 불문하고 하는 말이 "어떻게 할 작정이냐, 언제까지 있을 작정인가" 하는 식으로 내 가슴을 밀어내면서 횡포(橫暴)를 부렸다. 나는 밀려서 테이블에 밀어붙여졌다. 이렇게 하기를 무려 이십여 분이나 계속했다. 그러나 그 주위에 있던 십여 명의 집사들과 교인들은 한패였는지, 보고만 있었지 누구 하나 가타부타하는 사람이 없었다. 장로가 하는 행태에 대해 누구하나 말리지 않았다. 나는 그때 참으로 마음이 상하였다. 폭행하는 장로도 나쁘지마는, 그 악한 일을 보고도 가만히 있던 그들도 나쁘기는 마찬가지라고 생각했다. 그들도 장로의 행동이 하도 과격해서 어이가 없어 어리둥절했기 때문이었을까. 그들 중에는 오히려 잘한다고 속으로 생각했을 사람도 있었을 것이다. 그때 원 장로 동생 되는 사람이 하는 말이 "형님, 나오세요. 내가 해치우겠습니다" 하더니, 교대로 나를 향하여 달려들었다. 이렇게 되어 건넌방에 있던 딸이 "우리 아버지 죽는다"라고 소리 지르고 울기 시작하니, 그 화적떼 같은 무리들이 하나 둘 물러가 버렸다.

 이 소문이 나니, 시찰부가 모여 의논하였다. 장로가 그렇게 강경하게 반대하고 나오니 목사가 사면해야겠다는 것이 시찰부의 논의 결과였다. 당시 시찰부장이며 노회장은 윤봉기 목사였다. 모두들 장로의 일방적인 말만 듣고는 그들 편에 치 우쳐 일을 처리하는 것이었다. 나의 입장을 옹호하는 교인들은 착하고 점잖은 분들이라, 나서서 떠들거나 이른바 정치를 할 수 있는 분들이 아니었기 때문이었다. 모두들 안타까워했으나 그 횡포를 막을 수 없었다. 이런 형편을 아는지 모르는지, 또는 알아보려고 하지도 않아 보였던 그 당시 시찰부의 결정에 대해 참으로 유감스럽게 생각하지 않을 수 없다.

어찌했던 교회 안에서나 시찰부에서나 우리는 약자가 된 상태라 버티어 봐야 교회 시험만 커지고 순진한 교인들만 다칠 뿐인 것을 깨달았다. 억울하고 안타까웠으나 결국 사면하기로 결심하였다.

그러나 문제는 그 다음 어디로 가느냐 하는 것이었다. 한편 마음으로 시골로 내려가 조용한 생활을 할까 생각하기도 했으나, 이때는 아이들이 다 커서 대학에 재학 중이니 시골로 가기는 어려웠다. 그렇다고 서울에서는 몇 되지 않는 우리 교단 교회 중에는 청빙할 교회가 없었다. 많은 고민 끝에 개척하는 수밖에 없다고 결론을 내렸다.

이미 나나 나의 아내도 나이가 많이 들어 또 고생을 할 용기가 나지 않았으나, 부득이 개척하기로 하였다.

사면(辭免)을 결심하고

개척을 결심하고 장소를 물색하기 시작하였다. 서대문지역에서 할 수는 없다고 생각하고, 신촌 근처를 다니며 셋집을 구하려고 하였다. 얼마 되지 않은 돈에 맞추어 집을 얻으려고 하니 쉽지 않아, 몇 주일을 헤매다가 신촌역 앞에 이층 십오 평 홀에다가 방 두 개가 딸린 집을 전세로 얻을 수 있었다.

일단 계약을 하고 보니, 그 쓰라린 장소에 하루도 있고 싶은 생각이 없어 아무 예고도 하지 않고 서문교회를 떠났다. 1968년 12월 14일 토요일이었다. 쓰라린 마음을 더 상하게 할 셈인지, 그날 아침부터 종일 폭설(暴雪)이 내렸다. 그때 춥고 고생한 기억을 잊을 수 없다. 하나님께서 이런 고생의 길, 십자가의 길을 걷게 하시는 줄 알고 불평하는 마음은 없었다. 그러나 인간적으로는 서러웠다. 아내와 아이들은 조금도 불평하지 않고, 묵묵히, 오히려 희망으로 나를 격려하며, 그 추운 날 이삿짐을 날랐다. 토요일에 이사한 것은 다음 주일날 발족예배를 드리기 위해서였다. 그리고 하루라도 더 그 듣고 싶어하지 않는 설교를 그들에게 하고 싶지도 않았다.

이사를 급하게 서둘고 보니, 방을 수리할 때 바른 풀이 마르지 않아, 그 다음날 아침에 일어나 보니 방안에 김이 서려 천장에서 물방울이 이불 위로 떨어지고 있었다.

지금 돌이켜 생각하면, 목사 배척은 한국 교회의 큰 오점(汚點)이다. 목사는 교회에 시무하는 동안에만 생활이 가능하나, 교회를 나서면 그야말로 하루아침에 아무것도 없는 그런 생활을 한다. 나의 가족은 가장(家長)이 목사이기 때문에 이렇게 고생이 많았다. 일반 교인들이 이런 형편을 평소에 이해하기는 어려운 모양이다. 목사를 배척하기 시작하면 이렇게 인정사정없어지는 것은 물론, 횡포까지 하게 되는 것은 불신사회(不信社會)보다 못한 것이 아닌가 하는 생각이 든다. 평소에는 진실한 교인 같았던 분들이 하나하나 따지고 들고, 이미 잊어버렸던 사소한 일로 시비하고, 중상모략하는 말이 소문으로 퍼지고, 단체로 작당하여 말썽을 일으킨다. 나는 아무리 생각해도 이와 같은 교회의 시험은 오로지 그들의 인간적 성품(性品)으로만 일어나는 것이 아니라고 본다. 나에게 달려들 때의 그들의 살기등등한 눈빛을 생각하면, 그 시험은 바로 마귀의 시험이며, 마귀가 우리의 마음을 틈타는 것이라고 보지 않을 수 없다. 이때까지 내가 당한 교회시험이나, 다른 교회에서 일어나는 시험을 돌이켜 보면, 이는 마귀의 장난이라는 생각을 떨쳐버릴 수 없다. 나는 평생 처음으로 이런 시험을 당하였다.

강서교회 개척

신촌교회(新村敎會)로 시작하다

추운 겨울날 밤을 수리도 덜 된 방에서 지내고, 다음날 1968년 12월 15일 주일을 맞았다. 방에서 식구들과 주일예배를 드리려고 하니, 서문교회에서 나를 따르던 교인들이 찾아와서 다 같이 눈물겨운 예배를 드렸다. 예배 개회를 선언하면서 교회 명칭을 신촌교회라 선언하였다.

예배를 마치고, 다음 주일부터는 홀에서 예배를 드리겠다고 하였다. 의자를 외상으로 주문하였는데, 의자 하나 값이 육천 원이라 했더니, 그때 마침 참석했던 이태원 집사가 선뜻 의자 열 개 값을 부담하겠다고 하였다. 참으로 힘이 되고 감사하였다.

그 다음 주일에는 홀에서 모였다. 아직 의자가 도착하지 않아서 시멘트바닥에 신문지와 담요를 깔고, 그 위에 방석을 놓아 모두 앉았다. 값싼 간이 강대상을 사서 강단을 마련하였다. 마침 소형 풍금도 생겼다. 그래서 두번째 주일부터는 예배의식을 갖추어 예배를 드렸다.

강서교회는 이렇게 시작되었다. 주일마다 새 교인들이 모여들기 시작했다. 성가대도 조직되었다. 얼마 가지 않아서 백 명이 넘어섰다.

신촌교회 교우와 어린이들. 1970년.
서문교회를 사면하고, 1968년 12월 15일 주일예배를 시작으로, 신촌역 광장에 면한
작은 홀에서 이후 강서교회로 이름을 바꾸게 될 신촌교회를 개척하였다.
개척 당시의 교우와 어린이들로, 뒷줄 왼쪽 다섯번째가 본인.

큰 홀로 옮기다

교인 수가 늘어 더 이상 좁은 집에 있을 수가 없었다. 그리하여 그동안 준비된 돈으로 그 옆에 있는 건물의 보다 큰 홀로 옮겼다. 의자도 더 주문하여 들여오고, 피아노도 마련하였다. 예배 볼 장소는 커졌으나, 사택 마련할 길이 암담해졌다. 때마침 그냥 지낼 수 있는 집이 하나 생겨서 나에게는 큰 도움이 되었다.

교인이 많이 모이니 모두 힘이 났다. 주일학교, 학생회, 대학부가 그런대로 조직되어 활발하게 움직였고, 여전도회도 교회에 큰 도움이 되었다. 그리하여 작고 가난했으나 교회는 재미있고 화목하였다. 차차 부흥이 되어 갈 것으로 기대가 되어 희망에 가득 차 있었다.

그런데 또 시험을 받게 되었다. 이웃 교회 모 목사가 비상한 수단을 동원하여 우리 교회에 충실히 나오던 집사 다섯 가정과 학생회 임원 등 주요 멤버 일곱 명 등 모두 수십 명의 교인을 데려갔다. 그동안 개척을 하여 교인 한 사람 한 사람 어렵게 인도하여 이제 교회가 제구실을 하려 하는 바로 그때에, 일시에 수십 명이 떠나가니 나의 심정은 침통했다. 인간적으로 의분(義憤)이 났다. 나는 그때 받은 충격을 평생 잊을 수 없을 것이다. 물론 나의 실력 부족으로 교인들이 떠나갔다고 생각하면 참으로 부끄러운 일이기도 하였다. 그러나 막 개척하여 아직 약하고 가난할 때, 도와주기는커녕 더욱 어렵게 만들어 사람들을 고통에 빠트리니, 일반 불신사회라도 그럴 수 없는데, 하물며 교회가, 그리고 목사가 그럴 수가 있을 것인가. 이런 무자비하고 횡포 같은 일은 우리 한국 교회에서 하루빨리 사라져야 할 병폐(病弊)이다.

개척 후 몇 년 동안 남모르는 어려움이 하나 있었는데, 그것은 아이들 대학 등록금 마련하는 일이었다. 큰아들 성길은 의과대학을 이미 졸업하고 세브란스병원에서 인턴과 레지던트 수련을 받고 있었으나, 그 월급이란 그 당시에는 너무 적은 액수였다. 지금 생각해도 가슴 아픈 일은 둘째 현식이가 가정교사로 아르바이트하며 고생한 것이다. 신촌에서 상계동에 있는 서울공대까지 그 먼 길을 통학하면서, 수업을 끝낸 후 돌아오는 길에 가정교사 할 집으로 가서 밤늦게까지 가르치다가 밤 열한시가 넘어 돌아오곤 했다. 피곤하지만 또 자기 공부를 해야 했다. 그리고 다음 날 새벽에 또 일찍 학교로 출발해야 했다. 약한 몸에 고생하는 것을 볼 때 부모로서 미안한 마음 금할 수가 없었다.

어쨌든 목회의 어려운 중에도 불구하고 자녀들은 공부를 잘하여 무사히 대학을 졸업하였다. 현식은 서울공대를 졸업하였고, 다음 막내 성희가 서울여대를 졸업하였다. 특히 성희는 학교를 수석(首席)으로 졸업하여 졸업식 날 대표로 학장 앞에서 기념메달을 수여받아 모든 가족에게 기쁨을 안겨 주었다. 그리고 성길, 성희, 현식이가 차례로 결혼하여 가정을 이루었고, 또 손자들을 보게 되었다. 모두 고생 중의 경사였다.

서강(西江)으로 옮기다

다수의 교인이 떠나는 바람에 교회가 충격을 받고, 나 자신도 마음이 몹시 상했으나, 하나님께서는 다시 교회를 새 교인으로 채워 주시었다. 장소가 점점 좁아져서 더 큰 곳으로 옮겨 가야 할 형편에 이르렀다.

어느 주일 예배 후, 몇 집사님들이 모여 보다 큰 장소로 옮기는 문제를 의논하게 되었다. 그러다가 이제 더 이상 전셋집으로 다닐 것이 아니라 아예 대지를 사서 예배당을 짓는 방향으로 해보자는 쪽으로 의논이 진행되었다. 그리하여 한 주일을 정해서 헌금해 보기로 하고, 이를 위해 기도하기로 결정하였다.

강서교회 목사 위임식. 1974년 5월 23일.
1971년 교회를 신촌역 앞에서 서강으로 이전하고 교회당도 신축하여, 교회는 점점 부흥, 발전하였다. 1974년 나는 강서교회의 위임목사로 취임하였다.

몇 주일 후, 헌금하기 전에 제직회를 소집하고 집사들로부터 먼저 교회 건축을 위한 헌금을 작정하였다. 그리고 다음 주일에는 전 교인들이 건축을 위한 헌금을 작정토록 하였다. 그렇게 작정된 헌금이 모두 이백사십만 원이었다. 이제 대지를 물색하기로 했다.

그 다음 주일에 남집사 두 분이 서강 창전동에 대지 육십 평이 있는데 우리 교회에 합당하다고 하였다. 그러나 주변 환경이나 크기 등이 적절치 않아 전 제직들이 반대하였다. 그러나 그 남집사 두 분이 끝내 고집을 하는 바람에 그냥 그렇게 하기로 결정되었다. 그리하여 별로 원치 않는 상태에서 서강으로 옮기게 되었다. 나는 지금도 그 결정이 잘못된 것이 아니었나 후회되는 때가 있다.

좁은 땅에 임시로 블록으로 벽을 쌓고, 슬레이트로 지붕을 덮고, 교회를 신촌역 앞에서 서강 골짜기로 옮겨 들어왔다. 교회 이름을 강서교회(江西敎會)로 바꾸었다. 다시 큰 대지를 사고 큰 교회를 지을 수 있을 때까지 잠정적으로 있을 예정으로 옮겨 왔으나, 하나님의 뜻이 어디 있는지 결국 지금까지 서강에 머물게 되었다. 한번 자리를 잡게 되니, 다시 옮긴다는 것은 그리 쉬운 일이 아니었다.

서강 좁은 골짜기로 옮긴 후로는, 위치 때문인지, 지역 환경 때문인지 당장 큰 부흥은 일어나지 않았다. 교인이 점차 늘기는 했으나 교회는 여전히 가난하였다. 그래서 사택을 마련하지 못해 일 년이 넘도록 신촌에 살면서 교회로 내왕하였다. 신촌역 앞에서 교회까지 걸어 다녔는데, 날씨가 궂은 날은 새벽기도회까지 나가려면 참으로 피곤하였다.

교인 수는 크게 늘지는 않았으나 그래도 질적으로는 나아졌다. 장로를 세 분 세워 당회를 조직하였다. 그리고 목사위임식(牧師委任式)도 거행하였다.

그러나 또 뜻하지 않은 시험이 닥쳤다. 장로 한 분이 문제를 일으켰다. 그분이 바로 교회를 신촌에서 서강으로 들어오게 한 장본인(당시에는 집사)이다. 그분이 사업을 한다고 일곱 분 집사에게 돈을 빌렸다. 그러나 사업이 실패로 끝나면서 삼 년간이나 빚을 못 갚았다. 이 일이 시험이 되어 결국 다른 교회로 떠나고 말았다. 그러면서 다른 장로 두 사람마저 떠나게 만들었다. 그야말로 교회는 돈 잃고 사람도 잃었다. 가난한 교회로서는 참으로 견디기 어려운 일이었다. 그동안 교회 대지도 더 크게 살 수 있었던 기회가 여러 번 있었으나, 이 세 장로가 무슨 까닭인지 적극 협조를 하지 않고 반대하다시피 해서 끝내 교회 발전의 기회를 놓치고 말았던 것이었다. 이 세 장로의 일은 잊고 싶을 뿐이다.

예배당 신축

시험만 일으키고 교회에 상처만 입힌 채 세 장로가 떠나간 후 교회는 다시 평온해졌다. 다시 교회 안에서는 예배당을 신축하자는 의견이 나오기 시작했다. 예배당 신축을 위해 헌금하니 상당한 액수가 작정되었다. 특히 지금도 잊을 수 없는 일은, 부산에서 이사 와서 우리 교회에 나오던 김천석 장로가 다시 부산으로 떠나면서 당시로서는 큰돈인 백오십만 원을 헌금하였던 것이다. 참으로 큰 힘이 되었다.

정작 땅을 사려고 해보았으나 좋은 시기를 놓쳐 버린 것을 알았다. 그래서 현금을 그대로 놓아두기보다는 일단 땅을 사 놓고 보자는 생각에서 산 땅이 현재 교회의 대지이다. 그러나 그 후 서울 전역의 땅값이 오르게 되니, 임시로 산 땅에서 벗어나기 점점 더 어렵게 되었다.

그리하여 현재의 예배당이 신축되었다. 좁은 땅에 짓다 보니 협소한 예배당이 되었다. 그러나 아담하고 쓸모 있는 예배당이라고도 할 수 있

강서교회 여름성경학교, 1982년.
1979년 인근으로 자리를 옮겨 교회당을 새롭게 다시 건축하였다.
사진은 매해 이곳에서 열리던 여름성경학교로, 둘째 줄 왼쪽에서 네번째가 본인.

다. 다행스럽게도, 예배당은 작으나 교회에 다시는 시험이 없었고 또 빚도 전혀 없다. 이후 지금까지 전 교인이 다시 큰 예배당을 건축하기 위해 꾸준히 헌금해 오고 있다. 현재 상당한 액수가 모여 저축되어 있다.

이제 교인도 상당히 모이고, 교회 재정(財政)은 그런대로 여유가 있어, 어려운 교우는 물론 다른 교회를 돕기까지 하고 있다. 사택도 마련되었고, 봉고차와 전기오르간까지 갖추어져 있다. 주일 낮예배는 2부로 모인다. 주일학교 유년부에서 남전도회까지 많은 부서가 조직되어 각기 활발하게 활동하고 있다.

은퇴를 하면서

강서교회를 개척하여 지금까지 이십여 년 동안 가난한 지역에서 가난한 교인들과 더불어 같이 고생하며 교회를 섬겨 왔다. 쓰라린 기억도 많으나 기쁜 일도 많았다.

이제 교회는 여러 충성스러운 장로들과 권사들, 집사들, 그리고 권찰들의 열성스러운 심방과 교회 근처의 축호전도(逐戶傳道)로 조금씩이나마 발전하여 교인 수가 삼백오십여 명에 이르렀다. 장로도 이인구, 염원갑, 임영선, 김병준, 정윤근, 김용승, 김영남, 민성길, 남귀현 등 아홉 명에 이르러 당회(堂會)도 확고하게 강화되었다. 장립집사(將立執事)로서 김성춘, 김주회, 김태웅, 김희봉, 민우식, 민현식, 백종관, 서정열, 이태원, 임동환, 임용태, 최광일, 황문길 등 열세 명이 교회를 섬기며, 명예권사로서는 김복조, 박기현, 박처례, 염윤남, 윤병숙, 이정순, 정순례, 홍숙자(소천) 등 여덟 명, 권사로는 김동숙, 나금례, 장옥남, 전복희, 정을주, 유옥화, 유행년, 이순덕, 이재순(소천), 이차주, 허연무 등 열한 명이 교회를 섬기며, 그리고 남녀 서리집사(署理執事)가 칠십여 명 등 합해서 백여 명의 제직이 교회를 섬기고 있다. 교역자로는 평소 목사 이외에 부목사, 그리고 전도사 두 명이 목회를 돕고 있다.

그 중에서도 특히 처음 개척했을 때부터 나와 같이 교회를 섬기며 동고동락(同苦同樂)하면서 지내 온 분들을 잊을 수 없다. 즉, 이인구 장로, 이태원 집사, 최광일 집사, 김복조 권사, 정을주 권사, 김준동 집사 등이다. 모두 교회 시작부터 이십 년이 넘도록 한결같이 강서교회에 나와 교회를 섬겼다. 이태원 집사는 치안본부에 근무하며, 지난 몇 년 동안 시국이 복잡해 그 바쁜 가운데서도 한 주일도 빠짐없이 교회에 나와 그 맡은 바 책임을 다해 충성헌신(忠誠獻身)하여 목사에게 큰 격려가 되어 주었다. 김준동 집사는 주일학교 때부터 우리 교회에 나왔는데, 몸이 불편한데도 지금도 의정부에서부터 서강까지 나올 뿐 아니라, 저녁예배까지 드리고 밤늦게 돌아가기를 한 주일도 빠짐없이 하고 있다. 김 집사는 직장인 학교에서도 신앙적으로 교목(校牧)과 같은 역할도 하고 있어 교회 담임목사로서도 큰 기쁨을 느끼고 있다. 또 강서교회가 처음 서강으로 왔을 때 교인들이 얼마나 모일지 걱정이 많았는데, 그때 임영선 장로와 유옥화 권사 부부와 그 자녀들이 교회에 나왔을 뿐 아니라, 주일학교 교사로, 성가대 대원으로 교회를 도와 큰 힘이 되었다. 그 후 다른 곳에서 이사 와 교회에 나온 분 중 허연무 권사, 김동숙 권사, 임경자 집사 같은 분들의 그 충성된 모습을 잊을 수 없다. 이들은 새벽기도회까지 나와 열심히 기도하고, 구역기도회, 심방, 축호전도, 개인전도 등 정말 열심히 말없이 교회를 섬겼다. 고(故) 이재순 권사는 신마산교회 때부터 나와 인연을 맺고 있었는데, 그 자녀들이 다 강서교회에서 자라고 충성되게 봉사하였다. 특히 막내딸 정희경 양은 십여 년간 주일학교 교사, 중고등부, 대학부, 성가대에서 봉사했는데, 지금은 어엿한 목사 사모가 되어 있다.

강서교회 교인들과의 야외예배. 1980년대.
충성스러운 권사님 및 여집사님 들과 야외예배를 나갔다. 뒷줄 맨 왼쪽이 아내와 본인.

강서교회 장로장립식. 1987년 3월 5일.
이 해에 강서교회는 일곱 분의 장로가 장립되는 큰 경사가 있었다. 그 일곱 장로님 내외분들과 함께 기념촬영을 했다. 앞줄 왼쪽에서 네번째가 본인.

나 개인적으로도 강서교회 시무 중에 보람 있는 일이 많았다. 무엇보다도 자녀들이 다 장성해서 각기 가정을 가지고, 우리 부부에게 손자, 손녀, 외손자, 외손녀를 보게 해 주었고, 또 각기 사회에서 부끄럽지 않게 활동을 하고 있다는 것이다. 아내도 그간 고생을 하면서 육체적으로도 많이 아프기도 했으나, 이제 나이가 들면서 오히려 다소 건강해졌다. 나는 한때 중풍(中風)이 아닌지 의심할 만한 상태가 발생하여 걱정했으나, 경미한 일시적 허혈성뇌장애(虛血性腦障碍)라는 것이 밝혀졌다. 그 이외에는 늘 건강하였다. 지금도 건강해서 은퇴가 아쉬울 지경이다. 또한 1980년도에 미국정통장로교 총회에 공식사절(公式使節)로 미국을 방문하였고, 이어 유럽과 이스라엘 성지(聖地)를 여행한 것도 대단히 뜻있는 일이었다. 그리고 1986년도에 결혼 오십 주년을 기념하여 교회와 자녀들의 도움으로 부부동반하여 다시 유럽을 여행한 것은 매우 즐거운 추억이다.

그리고, 나는 강서교회에 있는 동안, 우리 교단을 위해서 상당히 활동했다고 자부한다. 비록 서울에서 목회(牧會)에서는 고생이 많고, 실패도 겪고, 아쉬운 점도 많았으나, 내가 애초 서울로 진출하고자 했던 목적, 즉 중앙에서의 교단활성화(敎團活性化)를 위한 활동에서는 그런대로 보람이 있었다. 이에 대해 다음 장에 자세히 쓰겠으나, 그때 나를 뒤에서 지원해 준 강서교회에 대해 늘 감사하게 생각하고 있다.

단지 강서교회에 큰 예배당을 이룩하지 못한 것이 가슴 아프다. 다윗이 그렇게 성전건축(聖殿建築)을 원했으나, 하나님께서 끝내 허락지 않았다는 사실로 스스로 위로해 본다.

교단활동

현재 한국 교회의 문제점

한국 교회는 일제강점기에는 신사참배(神社參拜) 강요로 핍박과 환란이 있었으나 오히려 신앙은 순수하게 지켜졌다. 해방이 되면서 교회와 신앙에는 자유가 왔으나, 신학적으로는 자유주의(自由主義), 신신학(新神學) 등으로 신앙이 타락되고, 주초(酒草), 즉 술과 담배 문제, 개방(開放), 처세주의(處世主義), 사대주의(事大主義) 등으로 교회는 신앙적으로뿐만 아니라 사회적으로 만신창이가 되었다. 그런 데다 유사종교(類似宗敎), 사이비기독교(似而非基督敎), 불경건한 신비주의(神秘主義), 신흥종교(新興宗敎) 등에 의해 공격을 당하는 격이 되었고, 교파(敎派) 난립과 신학교(神學校) 난립으로 일대 혼란 중에 있다. 이때 필요한 일은 신학적으로 개혁하는 일과 부패한 교회를 정화(淨化)하는 일인데, 이것이 우리 고려교단(高麗敎團) 교회에 주어진 사명의 하나인 줄 안다.

서울 고려신학교(高麗神學校) 설립

내가 서울로 오고자 했을 때, 우리 교단이 서울에서 강화되어야 한다는 신념이 있었다. 이 신념에는 교회개척(敎會開拓)과 중앙에서의 교단활동 이외에도 고려신학교를 서울로 옮겨야 한다는 신념도 포함되어 있었다.

우선 고려신학교의 서울 유치에 대한 기초작업으로 고려신학교 서울 분교(分校)를 세우기 위해 노력하였다. 그리하여 내가 서문교회에서 시무하는 동안 1966년도에 고려신학교 서울분교설립추진위원회를 조직하고, 내가 그 위원장을 맡았다. 그리고 1967년 분교 설립과 동시에 분교장 대리(代理)가 되었고, 그 후 1969년 서울 고려신학교로 명칭이 바뀌면서 그 초대 교장(校長)이 되었다.

이런 교단적으로 중요하고 야심적인 일에 도와주는 분들도 많았으나 반대하는 분들도 있었다. 특히 서울의 윤봉기 목사와 부산의 한상동 목사의 반대에는 마음이 아팠다. 한때 우리 교단 내에 반고소파(反告訴派) 문제가 생겼을 때, 정책적으로 서울 고려신학교가 폐교되기도 했는데, 다시 복교(復校)할 때도 한바탕 반대가 있었다. 또한 정부가 무허가(無許可) 신학교를 정리할 때 어려움이 많았으나, 여러분들의 적극적 활동으로 학교가 유지, 계속될 수 있었다.

교사(校舍)가 없어서 처음에는 성원교회에서 수업이 시작되었고, 성원교회가 마포로 이전할 때 학교도 따라갔으며, 때로는 중앙교회, 남서울교회로 옮겨 다녔다. 그러는 동안 교수들과 학생들 모두 고생이 많았다.

지금은 부평에 자리 잡고 있는데, 넓은 땅을 대지로 불하(拂下)받게 되었다. 그래서 서울 고려신학교의 존립은 어찌 되었든 간에 부산의 고려신학교가 서울로 올라올 수 있는 여건은 다 갖추어져 있다. 나는 이제 일선에서 물러나 있으나, 하나님께서는 이십 년 만에 나의 소원을 이루어 주시었다. 참으로 감사한 일이다. 대지 불하를 계약했다는 전화를 받고, 나는 정말로 감사해서 혼자 눈물을 흘렸다.

계단공과(階段工課)와 어린이 새찬송가

나는 총회(總會) 교육부장(敎育部長)으로 팔 년간(1967-1975) 봉사하면서, 우리 교단의 숙원이었던 주일학교 유년부(幼年部) 계단공과를 편찬하였다. 교육위원(敎育委員)으로 홍반식, 이근삼, 오병세, 심군식, 윤종하, 최해일, 이만열, 도군삼 등 열두 명을 위촉하여 우리 교단의 개혁주의 교육이념(敎育理念)과 교육목적(敎育目的)을 정립하게 하였다. 그리하여 주일학교 공과(工課) 학생용 여섯 권과 교사용 여섯 권을 편찬하였다. 그리고 중고등부 공과 일, 이, 삼권까지 편찬하였다.

　1975년도에는 어린이 새찬송가를 만들게 되었는데, 이때 뜻하지 않게 교단 총회장(總會長)이 되었다. 그리하여 이 모든 일에서 손을 떼게 되었다.

　나는 예수 믿고, 처음 평신도로서 함양교회를 섬길 때부터 유년주일학교, 하기아동성경학교, 소년회 등의 일을 하기 좋아했으며, 이후 목회를 하는 동안에도 주일학교와 어린이 전도, 학생신앙운동(學生信仰運動), 즉 SFC(Students For Christ), 그리고 대학부의 육성(育成)에 큰 비중을 두었다. 나의 평생 신념 중의 하나는, 어른이 된 다음 전도하는 것보다 어린이 때, 그 마음밭이 악하게 되기 전에 복음의 씨를 뿌리는 것이 훨씬 효과적이라는 것이다. 그래서 나는 교육부장이 되었을 때, 내게 일할 기회를 주어서 크게 감사하였고, 그리고 열심을 다해 일했다.

　여기 당시 정립된 교회교육(敎會敎育)의 이념(理念)과 목적(目的)을 소개한다.

교회교육의 이념과 목적

교육이념
개혁주의 정신에 입각하여 웨스트민스터 표준서들(Westminster Standard―신앙고백, 대·소 요리문답, 교회정치 및 예배모범)을 따라 하나님을 사랑하고 이웃을 사랑하는 그리스도인 양성을 교육이념으로 한다.

교육목적
성경을 가르쳐,
1. 삼위일체(三位一體) 하나님을 바로 알고, 사랑하며, 섬기게 한다. (예배적 인격)
2. 하나님의 형상인 사람을 이해하고, 사랑하고, 도우며, 그리스도를 전하게 한다. (인화 협동적 인격)
3. 자기의 존재 의의와 특별한 사명을 자각하여 자기 선 자리에서 맡은 일에 충성하게 한다.(문화적 인격)

　이러한 그리스도인을 육성하여 신앙의 정통과 생활의 순결을 겸비케 한다.

중등부 교육목표
1. 성경이 하나님의 말씀임을 믿고,
2. 전능하셔서 모든 것을 아시고 어디든지 계시는 하나님을 의식하고,
3. 죄인의 구주이신 예수그리스도를 받아들이고,
4. 새롭게 하시는 성령의 인도를 따라 생활하며,
5. 교회의 참뜻을 알고,
6. 그리스도인으로서 사회에 대한 올바른 이해를 갖도록 한다.

고등부 교육목표
1. 성경이 계시된 하나님의 말씀인 것과 신앙과 행위에 대한 유일한 법칙임을 확신하고,

2. 살아 계신 인격적 하나님과 올바른 관계를 가지며,
3. 죄인을 하나님과 화목시키려 역사에 나타난 예수그리스도를 자신의 구주로 영접하며,
4. 중생케 하시고 성결케 하시는 성령의 역사를 체험하며,
5. 순결과 화평을 지향하는 그리스도의 몸 된 교회의 지체임을 알고 교회의 공동생활을 통하여 협동 봉사하며,
6. 하나님의 자녀로서의 긍지와 자부심을 가지고 주 안에서 부모를 공경하며 학원과 사회에서 맡은 일에 전력하고,
7. 하나님으로부터 받은 자질을 계발하여 그리스도인으로서의 각자의 뚜렷한 푯대를 가지게 한다.

총회장(總會長) 취임과 교단 총무실 설치

총회장이란, 내 평생에 한 번만 주어지는 영광스러운 기회로 알고 최선을 다해 일하고자 하였다.

당시 나는 우리 교단에 가장 필요한 것 중 하나가 서울에 교단 총무실을 설치하는 것으로 생각했다. 그 이유는 정부기관, 즉 문공부(文公部), 국방부(國防部) 등과 다른 교단 등에서 우리 교단에 문의하거나 문서를 전달할 때 어디에 해야 할지 몰라 혼란스러워 교단활동에 지장이 많았기 때문이다. 예를 들어, 공문이나 전화가 총회장 댁, 임기가 지난 전 총회장 댁, 총회 서기 댁, 부산 고려신학교 등등으로 오기 일쑤였다. 그래서 교단의 단일창구(單一窓口)가 있어야 할 필요가 있었다. 이 단일창구를 통해 연락이 오고가며, 총회 시 의결된 사항이 집행(執行)되기도 하고, 기타 모든 행정사무(行政事務)가 통일되어야 할 것이었다. 작은 교단들도 다 서울에 총무실이나 사무실이 있는데, 우리 교단에만 그것이 없어 불편하고 또 창피하였다.

대한예수교장로회 제25회 총회 임원. 1975년 9월. (위)
서울 고려신학교 초대 교장, 총회 교육부장, 총회장, 교단 총무 등 교단을 위해 헌신했다.
1975년 총회장에 취임했을 때의 임원들. 앞줄 오른쪽에서 두번째가 본인.

교회와 경찰협의회 전국대회. 1976년경.
치안본부 경목 중앙위원회 위원장을 역임할 당시 교회와 경찰협의회 전국대회를 열었다.

이 사실을 총회 앞에 호소하였더니, 만장일치로 총회 사무실 설치가 가결되었다. 그러나 예산 관계로 전담 총무(總務)를 둘 때까지 나를 임시 총무 일까지 보라고 맡겨 주었다. 그리하여 서울로 돌아온 후, 각 방면으로 주선하여 십오 평 정도의 사무실을 무료로 얻게 되었다. 책상, 의자, 캐비닛, 시계, 전화 등을 여러 교회로부터 기증받아 사무실을 꾸밀 수 있었다.

나는 농담 반 진담 반으로 총회장이 총무로 격하되었다는 말을 들었다. 어쨌든 나는 교단 총무로서, 서울 또는 전국적으로 열심히 뛰었다. 총무로서 전국의 여러 교회와 교단과 같이 일하다 보니, 우리 고려파 교단이 많은 오해를 받고 있음도 알게 되었다. 즉 우리 교단은 특별한 교단, 유별난 교회, 율법주의(律法主義), 독선주의(獨善主義), 심지어 재건파(再建派)라고 불리고 있었음을 알게 되었다.

교단 총무로 일할 때, 강서교회가 잘 뒷받침하여 주었으므로 큰 힘이 되었다.

통일 찬송가

내가 우리 교단의 총회장 및 총무의 이름으로 십칠 개 교단 지도자협의회에 참석했을 때 큰 환영을 받았다.

처음 나온 의제(議題)가, 이제 고려교단도 참석했으니 그동안 이루지 못한 찬송가 통일을 기해야겠다는 것이었다. 그래서 내가 찬송가를 통일하자고 동의했더니 다른 한 분이 재청해서 가결되었다. 이리하여 우리나라에 찬송가 통일사업이 시작되었다.

팔인위원회(八人委員會)를 구성할 때 나도 그 한 사람이 되었다. 그래서 내가 추천함으로써 우리 교단의 찬송가와 음악 전문가들이 찬송가 편

통일 「찬송가」 출판기념예배. 1983년.
교단의 총회장 및 총무의 이름으로 십칠 개 교단 지도자협의회에 참석하여, 찬송가 통일사업을
제안하였고, 팔인위원회의 위원으로 동참하여, 팔 년여에 걸친 노력 끝에 통일된 「찬송가」를
출판하게 되었다. 정동감리교회에서 통일 찬송가 출판기념예배를 마치고,
위원들과 기념촬영을 했다. 왼쪽에서 여섯번째가 본인.

찬 실무위원으로 다수 참여할 수 있었다. 그리하여 팔 년에 걸쳐 노력한 결과 통일된 『찬송가』가 출판되게 되었다.

우리 교단도 이 찬송가에 대해 공동판권(共同版權)을 가지게 되고, 또 그 수익의 일부도 가질 수 있게 되니 모두 기뻐하였다. 그 이유 중 하나는 과거 우리 교단이 『새찬송가』를 만들었으나, 그 후 교단 합동(合同)이 되고 다시 분리가 되는 와중에서 그 판권을 잃어버린 쓴 경험이 있었기 때문이다. 나중에 한때 우리 교단의 당시 총회장과 총무 두 목사님이 찬송가를 독자적으로 출판한다고 하다가 실패로 끝나고, 모 장로님에게 빚만 지우고 만 사건이 있었다. 이 일은 참으로 유감스러운 일이다. 어쨌든 나는 이 찬송가 통일사업에 참여하게 된 것을 큰 보람으로 여긴다.

미국정통장로교(美國正統長老敎) 총회 초청방문

목회를 시작한 지 삼십팔 년 만에 주님께서 나에게 미국정통장로교 총회에 공식 초청을 받아, 해외여행을 할 수 있도록 허락하셨다.

우리 교단에서는 해방 후, 초창기에 한상동 목사 등 몇 분이 미국 ICC와 네덜란드 등지에 초청받은 일 이외에는 해외활동이란 거의 없었다. 그러니 다른 교단처럼 우호관계(友好關係), 자매결연(姉妹結緣) 등 대외활동이 없어 일반 목사나 후배 목사들이 해외활동할 기회가 전혀 없었다. 나도 평소에 그런 일을 별로 희망해 보지도 않으며 살아왔다. 그런데 1980년도에 미국에 있는 간하배(Harvie M. Conn) 선교사에게 나의 희망을 알렸더니, 그가 주선을 해서 당시 증경총회장이요 교단 총무인 나를 미국정통장로교 총회의 공식 초청을 받게 해 주었다. 간하배 선교사는 그가 처음 한국에 와서 정착할 때, 당시 서문교회에 시무하던 내가 알뜰히 돌보아 주어 나와 개인적으로 친한 사이였다.

그리하여 1980년 5월 총회 시 한국의 공식사절(公式使節)로 초청받았다. 이렇게 나로 인하여 한번 길이 열리니, 이후 총회장들도 대부분 초청을 받아 다녀오게 되었다.

5월 8일에 김포를 출발하여 하와이에서 하루를 쉬고 로스앤젤레스에 도착하였다. 여기에 사는 강서교회 고 홍숙자 권사님의 따님인 정정자 씨 부부로부터 따뜻한 영접을 받았다. 5월 11일 주일은 LA에 있는 우리 교단 라성교회에서 설교했는데, 여러 반가운 분들을 만났다. 김의환 목사도 만났다. 또 서문교회 교인이었던 조영규 집사가 디즈니랜드를 구경시켜 주었다. 슐러 목사의 크리스탈 교회도 구경하였다.

5월 14일에 필라델피아로 갔는데, 그곳에서 김만우 목사와 한부선 선교사를 만났다. 한부선 선교사는 일제강점기 때부터 한국 교회를 위해 헌신하시었고, 또 고려파 진리운동을 지원해 주시었던 분이다. 그는 이미 연로(年老)하셨는데도 하루 종일 걸리는 그 먼 거리를 손수 차를 운전하여 나를 총회장까지 데려가 주고, 삼 일간 일일이 안내해 주어 참으로 감사하였다.

총회 장소는 어떤 대학으로, 총대목사들의 숙소는 기숙사였다. 저녁에 총회개회 예배에 참석했는데, 성찬식을 베푸는 것을 보았다. 또 영길수 선교사도 만났는데, 그는 한국에 처음 왔을 때 그 가족이 우리 강서교회에 출석했던 분이다. 이튿날 오전 회의 때 사회자가 나를 소개했는데, 한부선 선교사가 통역하였다. 사흘 간 총회에 참석했으나 말을 알아들을 수 없어 한부선 선교사가 일일이 우리말로 설명해 주었다.

신임 총회장이 주일예배 시 나더러 설교를 해 달라고 요청하였다. 영광으로 알고 설교하였는데, 역시 한부선 선교사가 통역하였다. 설교는 본문 예레미야 5장 30-31절 말씀에 의지하여 "결국 어떻게 될 것인지"

미국정통장로교 총회 대의원 일동. 1980년 5월.

미국정통장로교 총회의 초청으로, 필라델피아에서 열린 총회에 특별히 참석하여 설교하는 영광을 누렸다. 셋째 줄 왼쪽에서 네번째가 본인.

미국정통장로교 총회에서 설교하는 모습. 1980년 5월.
한부선 선교사는 총회 때 나의 설교를 통역해 주시고,
내가 머무는 동안 안내를 도맡아 주셨다. 그는 일제강점기부터
한국교회를 위해 헌신하셨고, 고려파 진리운동을
중심으로 지원하신 분이다.

필라델피아 독립기념관 앞에서. 1980년 5월.
신앙을 지키기 위해 영국에서 이민 온 청교도들의 개척정신과 신앙을 생각했다.

김상복 목사님과 함께. 1980년 5월.
미국 워싱턴을 방문하였을 때, 김상복 목사님과
이영자 사모님(전 서문교회 대학부)도 반갑게 만나
사랑의 대접을 받았다.

를 제목으로 하였다. 요지(要旨)는 선지자들의 거짓 예언, 제사장이 자기 권력으로 다스리는 일, 그리고 백성들이 이 거짓 예언과 교권주의(敎權主義)를 좋아하는 일들이 나타나는데, 이 일들로 인하여 결국 어떻게 될 것인가 하는 것이었다. 즉 한국 교회가 사이비 지도자, 사이비 기독교, 사이비 신흥종교뿐 아니라 샤머니즘적인 신앙 때문에 결국 어떻게 될 것인가, 교파와 교단 사이의 교권주의 때문에 한국 교회가 결국 어떻게 될 것인가, 일반 교인들도 알게 모르게 이런 왜곡된 사이비 신앙과 교권주의와 권위주의를 받아들이고 또한 따르니, 결국 한국이 어떻게 될 것인가 걱정되니, 여러분들은 한국 교회를 위해 또 한국을 위해 기도해 달라고 하였다. 또 부언하기를, 분단된 한국의 안전을 위해 미군(美軍)이 철수하지 않도록 해 달라고 했더니 청중이 모두 "와!" 하고 웃었다. 당시 한국정부와 한국 교회에서도 미군 철수를 안 하게끔 사절단을 미국에 보내고 있었기 때문이었다. 총회가 끝나고 전원 기념촬영을 했는데, 나에게도 한 장 보내왔다.

필라델피아에 머무는 동안, 강서교회의 서판옥 권사의 자녀들, 서문교회에서 같이 섬기던 강신창 장로 자녀들에게서 따뜻한 사랑의 대접을 받았다.

뉴욕에 왔을 때, 서문교회에 학생으로 나왔던 하혜순 씨가 안내를 해 주었고, 워싱턴에서는 김상복 목사와 그 부인 이영자 선생(전 서문교회 대학부)에게 따뜻한 영접을 받았다. 뉴저지 한인교회 박재영 목사가 프리머스의 청교도 도착 유적지를 구경시켜 주었다. 또 석은혜 권사의 아드님인 하 선생이 나이아가라 폭포까지 자기 차로 아홉 시간을 달려 구경시켜 주었다.

이렇게 미국 방문 동안 여러 성도들의 따뜻한 사랑의 대접을 받았다.

참으로 감사한 일이다. 아마도 내가 목사이기 때문에 그런 대접을 받은 줄 알고, 모처럼 내가 목사 된 보람과 기쁨을 만끽하였다.

기타 활동

십칠 개 교단 지도자협의회에 참여하여 여러 가지 활동을 하였다. 찬송가 통일사업은 이미 말한 바 있다. 기타 서울에서 열린 부활주일 새벽 연합예배에 오병세 목사님으로 하여금 설교하시도록 한 일, 그 다음 해 연합예배 때 내가 기도하거나 사회한 일 등으로 고려교단의 위상을 높이는 데 기여했다. 그리고 보수교단(保守敎團) 지도자협의회 위원장을 역임하며, 특히 주일날 사회 각 분야에서 시험 치르는 일을 중지해 달라고 요청한 것, 또 자문에 응하는 등 대정부활동을 하였으며, 치안본부 경목중앙위원회(警牧中央委員會) 위원장을 역임한 일, 기독교신문과 어린이전도협회 등 여러 연합사업이나 단체들의 고문 또는 자문위원 등을 역임한 일 등 여러 가지 활동을 하였다.

그 이외에도 우리 교단에 뜻밖에 생겨난 반고소파(反告訴派) 문제로 큰 혼란에 빠졌을 때, 내가 1974년도에 교단 내에 설치된 특별재판국(特別裁判局)의 판사가 되어 이를 해결하는 데 노력했고, 이후 삼 년간 수습위원(收拾委員)으로 전국을 순회하며 그 후유증을 수습하는 데 노력했다.

나중에 느끼게 된 바이지만, 그러나 이런 활동이 목회(牧會)에 지장을 주고, 또 나의 신앙생활에도 도움이 되지 않고 시간만 낭비시키는 것 같았다. 그래서 요즈음은 이런 일들은 거의 사양하고 있다.

하지만 십사 년 전부터 인연을 맺어온 극동방송국(極東放送局)에서 설교하는 일은 지금까지 종종 하고 있다. 요즈음은 중공(中共)과 북한(北

韓)에 있는 우리 동포들을 대상으로 설교하였다. 밤중에 열두시 이십분부터 삼십 분간 설교나 성경공부를 방송하고 있다. 힘드는 일이나 공산국가의 동포들에 대한 위로와 전도이기 때문에 대단히 보람을 느끼고 있다. 지금까지 오십사 회 설교하였다. 내가 하기 전에는 방지일 목사, 이종윤 목사가 이 시간을 맡았고, 다음에는 김창인 목사가 맡는다고 하였다.

내 개인적으로는 평신도(平信徒)를 위한 『아가서 강해』와 『창세기 강해』라는 두 책을 저술하였다. 『예수전』은 현재 출판 준비 중에 있다.

기독교 역사를 찾아

유럽 지역

네덜란드

1980년 5월 30일 미국 방문에 이어, 유럽과 이스라엘로 우리 기독교의 역사적 유적(遺蹟)을 찾아 떠났다. 첫 방문지가 바로 네덜란드였다.

　네덜란드는 신교(新敎)의 나라로서, 인구의 구십칠 퍼센트가 기독교인들이며, 개혁교회(改革敎會)의 세계적 중심지이다. 칼빈주의 신학과 신앙이 가장 발달된 나라이고, 칼빈주의 삼대 신학자 중 아브람 카이퍼, 펄 콜프 두 사람이 네덜란드에서 배출되었다.

　나의 조카로서 당시 네덜란드 주재 영사(領事)로 있던 심경보가 마중을 나왔고, 그의 안내로 이준(李儁) 열사의 전 무덤에 가 보았다. 또 당시 네덜란드에 유학 중이던 손봉호 박사의 안내로 박종수 목사와 같이 그 유명한 자유대학(自由大學)도 돌아보았다.

영국 런던

런던에서는 김북경 목사의 안내를 받았다. 옥스퍼드 대학은 영국에서 가장 오래된 대학으로 신학적으로는 보수적이다. 여기에서 십팔세기에 개혁으로 메소디스트(감리교) 운동이 전개되었다. 이십세기에는 그 유명한 옥스퍼드 운동이 일어났는데, 이는 소수 대학생들이 가정에 모여 명상(冥想), 죄의 고백, 용서의 복음체험(福音體驗)을 교환하는 시간을 갖는 종교운동으로, 정직(正直), 무사(無邪), 사랑의 실천을 지상목표로 삼는다.

대영박물관(大英博物館)의 도서관에는 귀중한 고문서(古文書)가 있는데 성경의 시나이 산 사본(寫本), 알렉산드리아 본(本) 등이 있었다. 각국 성경도 있는데, 우리 한글 성경도 있었다. 사도행전 19장에 나오는 에베소의 아데네 여신상, 앗수르의 예루살렘 정복기념물(征服記念物), 니느웨의 유물인 비석 등이 있어 관람하는 나의 마음을 흥분하게 하였다.

웨스트민스트 교회는 런던에 있는데 칠세기 섹손 왕이 처음 건립했다 한다. 옆에는 영국의 저명한 왕들과 정치가, 시인(詩人)들의 묘지(墓地)가 있는데, 여기에 묻히는 것은 영국인으로서는 최고의 명예라 한다. 이 교회가 유명한 것이며, 또한 한국의 우리에게도 중요한 것은, 1643년부터 1648년 사이에 여기서 목사 백스물한 명과 장로 서른 명이 모여 장로교회 강령(綱領)인 대소요리문답(大小要理問答), 신도계요서, 예배모범(禮拜模範), 그리고 헌법(憲法)을 제정, 공포하여 오늘에 이르기까지 우리 장로교(長老敎)가 지키고 있는 것이다.

프랑스 파리

파리는 아름다운 도시로 유명하지만, 또한 성병(性病)과 마약(痲藥) 등 죄악도 많은 도시이다. 시내 곳곳에 많은 성당(聖堂)이 아름답게 서 있으나, 대부분 교인들이 없어 생명이 없는, 이미 죽은 전당(殿堂)이었다. 단지 관광(觀光)의 대상만 되고 있어 서글픈 느낌이 들었다.

네덜란드 자유대학에서. 1980년 6월.
네덜란드는 신교의 나라로, 인구 대부분이 기독교인들이며,
개혁교회의 세계적 중심지이다. 손봉호 박사(오른쪽)의 안내로,
그가 공부하고 있던 네덜란드 자유대학을 방문했다.

그 중에서도 노트르담 성당이 역사나 규모나 예술적으로 가장 유명하다. 나폴레옹이 자기의 영광을 드러내기 위해 거대한 개선문을 세웠으나, 지금 그의 영광은 간 데 없으니 베드로가 말한 대로 "모든 육체는 풀과 같고, 그 모든 영광이 풀의 꽃과 같으니, 풀은 마르고 꽃은 떨어지되 오직 주의 말씀은 세세토록 있도다"(베드로전서 2장 24절)라는 말씀이 생각났다. 또 나폴레옹이 죽음 직전에 했다는 말, "나는 수백만의 군대로도 세계 정복에 실패했으나, 나사렛 예수는 한 사람의 병사도 없이 오직 사랑으로 세계를 정복했다", 또 "내 평생 가장 행복했던 때는 내가 첫 성찬식(聖餐式)에 참석했을 때였다" 는 것도 기억났다. 화려한 베르사유 궁전은 옛날 루이 왕조의 사치를 잘 보여 주고 있었으나, 이 왕조 역시 프랑스 혁명으로 붕괴되었으니, 영화(榮華)의 허무함을 실감케 해 주었다. "사람이 무엇을 심든지, 그대로 거두리라"라는 말씀이 생각났다.

서독(西獨)

서독 본에서는 김은수 목사가 안내를 해 주었다. 주로 유학생들로 구성된 한인교회에 나갔고, 설교도 했다. 퀼른에는 세계에서 가장 큰 고딕식 성당이 있는데, 역시 관광지처럼 되어 있었다. 이곳에서 이근삼 목사를 만나 같이 웜스를 방문했다. 여기는 마틴 루터의 종교개혁(宗敎改革) 운동의 중심지로, 종교개혁기념관(宗敎改革紀念館), 루터가 재판을 받던 곳, 처음 독일어로 번역한 성경 등을 관람했다. 마틴 루터가 죽음을 각오하고 로마 교황이 속죄권(贖罪券)을 돈으로 파는 처사에 항의하여 결국 종교개혁을 일으킨 그 현장에 서니 감개가 무량하였다.

스위스 제네바

제네바는 레만 호수와 알프스를 옆에 둔 아름다운 스위스의 도시지만,

마틴 루터의 동상 앞에서. 1980년 6월.
이근삼 박사(왼쪽)와 함께 서독 웜스를 방문했다.
여기는 마틴 루터의 종교개혁 운동의 중심지이다.

우리에게는 존 칼빈이 종교개혁을 일으킨 중요하기 짝이 없는 역사적인 도시이다. 지금 그의 유물은 교회당에서 그가 앉았던 나무의자 하나뿐인데, 그 이유는 그가 유물을 남기지 말라는 유언을 했기 때문이라 한다. 제네바는 그가 종교개혁을 하기 전에는 무질서와 죄악의 도시였으나, 칼빈이 제네바 시의 행정을 바로잡아 경건하고 질서 있는 도시가 되었는데, 사백 년이 지난 지금까지도 그러하다. 제네바 시의 중심지에 그의 종교개혁을 기념하는 아름다운 공원이 있고, 그 가운데 칼빈의 동상이 있다. 나는 제네바에서 칼빈의 역사적 업적과 그의 신앙을 생각하며 감명 깊은 시간을 보냈다.

이탈리아 로마

로마는 오랫동안 교황(教皇)의 지배를 받아 왔기 때문에 고대 로마의 유적(遺跡)뿐 아니라, 기독교의 유적도 대단히 많다. 여기에도 한국에서 온 유학생들(주로 성악공부)이 중심이 된 한인교회가 있었다. 강서교회 박처례 권사의 아드님인 성악가 김태현 선생(그는 한동안 강서교회 성가대를 지휘했다)의 안내를 받아 한인교회에서 설교도 했다.

유명한 성 베드로 성당은 로마 시 가운데 있는 바티칸 시국(市國)에 있다. 성당 앞 광장에는 거대한 이백사십사 개의 원주(圓柱)로 된 회랑(回廊)이 있고, 그 위에 백사십사 명의 순교자상이 조각되어 있다. 성당 지붕에도 십이사도의 상이 있고, 성당 입구에는 베드로와 바울 상이 조각되어 있었다. 모두 귀한 인물들이나, 그 앞에서 경배하는 사람들을 보니 마치 우상숭배(偶像崇拜) 같아서 유감스러웠다. 성당의 그 거대한 크기와 정교한 조각과 화려한 장식 등은 말로 표현하기 어렵다. 실제 보지 않고는 실감할 수 없을 것이다. 그러나 아무리 인간이 화려하고 큰 집을 지어도, 천지의 주재자(主宰者)이신 하나님을 그 속에 가두어 둘 수가 없다. 그래서 가톨릭 교회는 전각(殿閣)의 종교가 되어 버린 게 아닌가 생각된다. 성당 옆으로 이어져 있는 바티칸 궁에는 일만일천 개의 방이 있는데, 박물관, 미술관, 예배당 등이 있고, 수많은 예술적, 역사적 보화(寶貨)들이 가득 차 있어, 다 관람하기에도 며칠은 걸릴 지경이었다.

스칼라 산타 삼십칠 계단은 마틴 루터가 무릎을 꿇고 올라가다가, "오직 의인(義人)은 믿음으로 말미암아 살리라"라는 말씀을 새삼 깨닫고 종교개혁으로 나섰던 곳이다. 그러나 지금도 수많은 가톨릭 교인들이 무릎으로 올라가기 위해서 줄을 서서 기다리고 있는 광경을 보았다.

카타콤은 지하묘지(地下墓地)란 뜻인데, 우리에게 중요한 것은 로마 초기 기독교인들이 황제의 박해를 피해 숨어서 예배 보던 곳이기 때문이다. 고대 로마의 기독교인들은 신앙의 자유가 올 때까지 약 삼백 년 동안 이 카타콤에서 숨어 살며, 신앙을 지켜 내려왔다.

콜로세움은 고대 로마의 원형경기장이었는데, 그 장대한 규모와 화려함이 지금은 폐허로 남아 있어 역사의 무상함을 느끼게 한다. 특히 여기서 기독교인들이 피에 굶주린 로마인들이 열광하는 동안, 맹수에 먹히거나 화형당하며 순교하였다. 박해하던 황제도 죽고, 화려한 건축물들은 폐허가 되었어도, 기독교는 아직도 살아 있어, 한국의 한 목사도 그 앞에서 다시 하나님의 뜻을 생각하게 한다.

그리고 로마 시가지를 관광했는데, 하도 본 것들이 많아 일일이 다 기록할 수가 없다. 또 세계에서 가장 아름답다는 나폴리 항구, 그리고 그 남쪽에 있는 유명한 이탈리아 민요에도 등장하는 소렌토 등지를 여행하며 여러 관광지를 구경하였다.

유럽은 다시 갈 기회가 있었는데, 1986년도 결혼 오십 주년 기념으로

성 베드로 성당 광장에서. 1980년 6월.
성당의 화려하고 장엄함 속에 기억으로 새겨져 있는
마틴 루터의 용기 있는 믿음을 되새겼다.

자녀들과 강서교회 교인들의 도움을 받아 부부동반으로 이탈리아, 스위스, 서독, 프랑스 등지를 여행하였다. 이때도 많은 한국인 교인들에게 사랑의 대접을 받았는데, 특히 강서교회 허연무 권사의 아드님으로, 유학 중이던 김두일 선생 부부의 따뜻한 배려는 아직도 잊을 수 없다.

이스라엘

예루살렘

1980년 6월 24일 이스라엘의 수도 텔아비브에 도착하여 대망(大望)의 예루살렘으로 향하였다. 예루살렘은 '평화(平和)'라는 뜻을 가졌으며, 솔로몬의 성전, 스룹바벨의 성전이 세워졌던 곳으로, 유태교(猶太敎)의 발상지이며, 기독교의 본산지(本産地)이다. 그러나 유감스러운 것은, 원래 솔로몬의 성전이 섰던 곳에 현재 이슬람교 사원(寺院)이 서 있는 것이다. 왜냐하면 이스라엘이 로마 군에 의해 패망하고, 이스라엘 인들이 전 세계로 흩어진 후 회교도 인, 팔레스타인 인들이 그 땅과 예루살렘을 차지하여 지금까지 이천 년간 살아오면서 그들의 사원을 지었기 때문이다. 그리고 1948년 드디어 새로이 이스라엘이 건국(建國)될 때 전쟁이 있었는데, 그때 예루살렘을 다 탈환하지 못해 일부는 아직도 아랍 수중에 있다.

그 안을 관람하려면 입장료를 내야 한다. 이슬람 사원 중앙 지하에 아브라함이 이삭을 제물로 바친 돌 제단이 있는데, 이곳은 본래 모리아 산이었다.(창세기 22장) 이 산을 다윗이 여브스 족속에게서 사서 제단을 쌓았다.(사무엘 하 24장 18-25절) 다윗이 그곳에 성전을 건축하고 싶어 했으나 피를 많이 흘린 군인(軍人)인고로 하나님께서 허락하지 않으셨다. 그 아들 솔로몬이 주전(主前) 961년에 기공하여 십일 년 만에 완성하

예루살렘 통곡의 벽에서. 1980년 6월.
이스라엘 백성들의 수난의 역사를 다시 짚어 보았다.

였다. 그러나 이스라엘이 범죄한 결과, 주전 587년에 바벨론 왕 느부갓네살에 의해 파괴되었다. 그 후 주전 516년에 스룹바벨이 제2성전을 건축하였고, 주후(主後) 20년 헤롯 왕이 사십육 년에 걸쳐 개축하였다.(요한복음 2장 20절) 그러나 예수님을 십자가에 못 박은 죗값으로 준공된 지 불과 육 년 만에 예수님께서 예언하신 대로 돌 하나도 돌 위에 남지 않고(마태복음 24장 2절) 로마 군에 의해 파괴되었다.

성전이 파괴된 지 오래되었으므로 모든 것이 흔적도 없으나, 단지 벽의 일부가 남아 있다. 과거 이스라엘 백성이 바벨론에서 돌아와 파괴되고 남은 이 벽에 얼굴을 대고 울었기 때문에 지금도 '통곡(痛哭)의 벽'으로 불리고 있다. 지금도 매일 수많은 유태인 순례자들이 이 벽에 얼굴을 대고 통곡하며 기도하는 모습을 볼 수 있다.

예루살렘 성전 주위에 기드론 계곡, 희놈의 골짜기, 예수님께서 예루살렘을 내려다 보고 우신 동산과 그 위에 러시아 황제가 자기 어머니를 기념하여 세운 막달라 마리아 교회, 순교한 스데반을 기념하는 스데반 교회, 불효자(不孝子)를 교육하기 위해 보존하고 있는 압살롬의 허물어진 생가, 예수님이 나귀 타고 입성(入城)하신 스데반 문(예수님이 재림할 때까지 닫아 둔다 하여 폐문되어 있었다), 빌라도의 법정, 베드로가 주님을 부인한 곳에 세워진 기념교회 등이 있다.

예수님께서 골고다로 십자가를 지고 가던 길이 있는데, 그때 열두 번 쓰러졌다고 한다. 이 열두 곳에 기념 예배당이 건립되어 있었다. 골고다란 두개골이라는 뜻인데, 여기서 예수님께서 죽으신 곳이다. 십자가를 세웠던 구멍이 아직 보존되어 있었고, 그 옆에 기념교회가 서 있었다. 겟세마네 동산에는 성 프란시스코 교단에서 겟세마네 만인교회를 세웠는데, 그 안에 예수님께서 피땀 흘려 기도하신 고민의 바위가 보존되어 있다. 마가의 다락방은, 예수님께서 잡히시던 날 제자들과 최후의 만찬을 잡수셨던 곳이며, 백이십 문도(門徒)가 성령을 받은 곳으로, 여기서 바로 교회가 시작되었다고 하겠다.

베들레헴

예수님께서 탄생하신 곳으로, 예루살렘에서 약 팔 킬로미터 떨어진 곳에 있는 작은 마을이다. 예수님 탄생을 기념하는 말구유교회가 있는데, 주후 320년에 콘스탄틴 황제가 옛 여관집터에 세웠으며, 기독교 초기의 대표적 건물이라 한다. 교회 앞의 구유광장에서는 성탄절 때마다 세계 각국에서 성가대가 와서 캐럴을 부른다고 한다. 교회 출입문이 너무 작은데, 이는 들어올 때 머리를 숙여야 한다는 것을 의미한다고 한다. 교회 내부는 지하에 있는데, 말구유, 마구간, 동방박사와 그들을 인도했던 별 등이 대리석으로 호화롭게 조각되어 있었다. 많은 천주교 순례자들이 거기에 입을 맞추고 경배하니, 그 모든 장식과 조각이 우상처럼 보였다. 그 옆에 예수님 탄생 때 폭군 헤롯에게 학살당한 어린이들(마태복음 2장 16절)을 기념한 기념관이 있겠다.

갈릴리 지방

엘리야가 기도하여 비가 오게 했던 가멜 산(열왕기 상 18장)에도 기념예배당이 있고, 그 안에 엘리아 동상이 서 있었다. 므깃도 성은 유명한 전쟁터인데, 마지막 세계전쟁터로도 예언되어 있다.(계시록 16장 16절) 다볼 산은 탁월하고 거룩하다는 뜻의 산인데, 여기서 예수님이 변화(變化)했다는 설이 있다.

　갈릴리 바다(또는 디베랴 바다)는 실은 호수(湖水)로서, 남북 이십 킬로미터, 동서 십이 킬로미터의 넓은 호수인데, 해수면보다 무려 이백칠

미터 낮다. 몹시 더워 주변에는 대추야자, 감람나무, 무화과, 바나나, 목화 등의 열대성 식물이 재배되고 있었다. 이곳은 가끔 기후관계로 파도가 이는데, 이 때문에 예수님의 제자들이 조난을 당할 때가 있었던 것이다. 이 호수에는 서른일곱 종의 어족(魚族)들이 있는데, 그 중 베드로 고기라는 이름의 생선이 있다. 이는 우리나라에서 이스라엘 잉어라고 알려져 있는 바로 그것이다.

요단 강은 갈릴리 바다에서 시작하여 사해(死海)로 흘러 들어가는 약 이백 리 길이의 강이다. 예수님께서 여기서 세례를 받으셨고, 여호수아가 이스라엘 백성을 인도하여 건넜고, 엘리야와 엘리사가 외투로 쳐서 물을 갈라지게 했고, 나아만 장군이 일곱 번 목욕해서 문둥병이 나은 곳이다.

사해는 해수면보다 사백 미터 낮은 호수이다. 물이 모여들기만 하고 흘러나가지 않아, 물이 대단히 짜기 때문에 생물이 살기 어려운 죽은 호수이다. 사람이 가만있어도 물에 뜨기 때문에 물에서 책을 읽을 수 있다. 해변에 작은 소금기둥들이 많은데, 욥의 아내가 소금 기둥으로 변한 것이라는 전설이 있다. 근처에 성경의 사해사본(死海寫本)이 발견된 쿰란 동굴이 있다.

팔복산(八福山)은 예수님께서 산상보훈(山上寶訓)을 하신 곳으로, 갈릴리 호숫가에 있다. 산 위에 기념교회가 서 있다. 그런데 갈릴리 바다에서 불어오는 바람을 이용하면, 마이크 없이도 수천 명에게 육성(肉聲)으로 설교할 수 있다 하니, 예수님께서도 그때 능히 수많은 군중에게 설교할 수 있었을 것이다.

가버나움은 '위로(慰勞)의 마을'이라는 뜻으로, 갈릴리 호수 서북쪽 연안에 있다. 이곳은 예수님께서 갈릴리 전도의 중심지로 삼았기 때문에 '본동네〔本洞內〕'라고까지 불리었던 곳이다.(마태복음 9장 1절) 당시에는 상당히 번성했던 곳으로, 세관(稅關)이 있었고, 마태는 이 마을의 세리(稅吏)였다.(마태복음 9장 9절) 헤롯 안디바의 신하도 이곳에 살았으며, 유태인의 회당을 지어 기증한 로마 백부장도 이곳에 살았다. 그런데 지금은 황폐하여 회당 기둥과 벽만 일부 남아 있어 처량하였다. 왜 그럴까. 그것은 예수님께서 "황폐하리라" 하고 예언했기 때문이다.(누가복음 10장 13-15절)

가나는 예수님께서 최초의 기적(奇蹟)을 행하신 곳이다.(요한복음 2장 1-11절) 역시 기념예배당이 있고, 그 안에 그때의 항아리가 여섯 개 전시되어 있었다. 유럽이나 미국에서 온 사람들이 여기서 결혼식을 자주 올린다고 한다. 기념품으로 포도주를 만들어 파는데, 나도 한 병 사가지고 와서 나중에 성찬에 사용하였다.

나사렛은 예수님께서 어린 시절부터 삼십 년간 사셨던 곳으로(마태복음 2장 23절), 현재 인구 오만이 사는 소도시이다. 예수님께서 살던 집과 목공소라는 건물들이 보존되어 있는데, 매우 초라한 모습이었다. 조금 떨어진 곳에 예수님께서 성경을 배우시던 회당이 있고, 그 아래쪽으로 마리아의 우물이 있다.

이스라엘 성지를 순례하는 동안, 가는 곳마다 예수님의 발자취와 옛 선지자들의 활약(活躍), 그리고 성경 속의 역사들을 실감나게 느낄 수 있어 참으로 감동적이었다. 이 모든 곳의 돌 하나, 풀 한 포기가 나에게는 뜻이 있고 귀중하게 보였다. 가는 곳마다 그곳이 나오는 성경 구절을 암송하며, 예수님의 모습을 그리며, 선지자들의 활약상을 기억하며, 참으로 은혜로운 시간을 가졌다. 더 많은 시간을 그곳에서 보낼 수 없어서 섭섭하였다. 기회가 있으면 꼭 다시 오고 싶었다.

맺는 말 목회신념과 앞으로 하고 싶은 일

나의 사십오 년 목회신념(牧會信念)

이제 끝으로 내가 지금까지 목회해 오면서 그 근거로 삼았던 소신을 밝히고자 한다. 이로써 모든 교우(敎友)들에게 나의 능력의 한계에 대한 변명으로 삼고, 또한 후배 목사들에게 이를 전함으로써 그들이 목회함에 있어 참고가 되기를 바란다.

교회행정

첫째, 장로교회(長老敎會)의 정치제도(政治制度)는 당회장(堂會長) 중심 정치라는 것이 나의 목회소신 중 가장 중요한 부분이다. 목사는 그리스도의 종(從)인 동시에 하나님께서 파송(派送)하신 사자(使者)이니, 하나님을 대표하는 자이다. 그런고로 목사의 직분은 다음에서 말하는 그리스도의 삼직(三職)이다. (1) 선지자직(先知者職)으로, 말씀 증거의 직분인 곧 설교(說敎)하는 일이다. (2) 제사장직(祭司長職)으로, 신약(新約)의 사제직(司祭職)이니 곧 세례(洗禮)와 성찬(聖餐)을 베푸는 일이다. (3) 왕(王)의 직분으로, 만왕(萬王)의 왕이신 예수그리스도를 대신하는 직분으로 곧 신약교회에 있어서는 행정(行政)하는 것인데, 여기서는 목사가 당회장, 제직회장(諸職會長), 공동의회장(共同議會長), 노회장(老會長), 총회장(總會長) 등의 직무를 수행하는 것이다. 장로(長老)는 목사와 같이 기름부음을 받아 장립(將立)하나, 이 직분은 어디까지나 교인을 대표하는 직이며, 교회 행정의 통치권(統治權)은 가질 수 없다. 이와 같이 장로교 행정원리(行政原理)는 당회장 중심으로 되어 있다. 물론 당회장의 독재(獨裁)는 있을 수 없다.

둘째, 나는 교회사업 중 어린이 전도와 어린이 종교교육(宗敎敎育)이 중요하다고 믿는다. 실제로 나는 목회 사십오 년 동안 일관되게 이 일에 큰 열성을 쏟았고, 큰 은혜와 기쁨을 누렸다.

셋째, 나의 교회 행정상의 신념은 교회가 빚을 지지 말아야 한다는 것이다. 그러므로 교회 재정(財政)이 어렵다 해도 결코 헌금 강요를 하지 않도록 애써 왔다. 늦더라도 교인이 합심하여 조금씩 해결해 나가는 것이 교회에 유익하다는 것이 나의 변함없는 목회신념이다.

교역자(教役者)의 자세

교역자는 하나님의 종이며, 교회는 양(羊)을 치는 목장(牧場)이다. 목사는 단순히 직업(職業)이 아니며, 교회는 목사의 단순한 직장(職場)이 아니다. 그러므로 목사의 일은 여덟 시간 근무니, 열 시간 근무니 하는 제한된 근무가 아니라, 스물네 시간 무제한적 근무이다. 목사는 이른바 자기 시간(自己時間)도 마음대로 가질 수 없는 사람이다. 오로지 죽도록 충성할 따름이다. 교역자는 하나님의 종이지 봉급자(俸給者)가 아니다.

교역자는 스물네 시간 종노릇을 해야 하므로 하루 스물네 시간 언제나 대기상태(待機狀態)에 있어야 하며, 늘 비상근무(非常勤務)의 자세를 견지하고 있어야 한다.

교역자는 항상 예배시간 삼십 분 전에 와야 한다. 교역자는 양을 먹이는 위치에 있기 때문에 언제나 먼저 예배당에 나와 준비하고, 기도하고, 그리고 교인을 교회로 환영하며, 같이 찬송하면서 예배를 준비하는 것이 이상적(理想的)이라 생각한다. 교인들이 교회에 왔을 때, 강단이 비어 있는 것보다 목사가 강단 앞에서 기도하고 있는 모습을 본다는 것만으로도 마음에 은혜 받을 준비를 하게 하는 것이라고 믿는다.

예배는 정한 시간에 시작해야 한다. 예외는 물론 있을 수 있다. 인간의 성패(成敗)는 세월, 시간, 기회를 낭비하지 않는 데 있는 줄 안다. 하나님께서는 하루 스물네 시간을 빈부(貧富), 귀천(貴賤), 남녀(男女), 노소(老少)를 구별하지 않고 공평하게 주셨다. 다만 시간을 귀(貴)히 쓰느냐, 낭비하느냐에 따라 차이가 날 뿐이다. 시간은 목사에게 귀중하다. 바울도 "세월을 아끼라, 때가 악(惡)하다"라고 하셨다.

목사는 교인의 모든 생활에 동고동락(同苦同樂)하여야 한다. 여기에는 목사가 원해서도 그리 해야겠지만, 나는 이는 의무적(義務的)이라고 생각한다. 교역자는 언제 어디서든지 교인들의 길흉사(吉凶事)에 반드시 참석해야 한다. 특히 전염병이 있어 의사라도 들어가기 꺼려하는 환자 방에라도 목사는 들어갈 수 있어야 한다. 때로는 시체(屍體)를 염하는 등 장의사(葬儀士)의 역할까지 할 수 있어야 한다.

특히 목사는 교인 중에 혼례나 장례를 거행할 때 우리 기독교 의식이 어떤 것인지 잘 지도하여야 한다. 이때 미신적(迷信的), 유교적(儒敎的), 불교적(佛敎的), 기타 이교적(異敎的) 요소들을 잘 분간할 수 있고, 이를 예식에서 제거하도록 지도하여야 한다. 예를 들어, 사체 앞에 분향(焚香)하거나, 사진 앞에서 절하는 것 등은 하지 않도록 지도해야 한다. 나의 목회소신 중 중요한 것 중 하나는 목사는 특히 상(喪)을 당한 교인에 대해 최선을 다하여야 한다는 것이다.

따라서, 나는 지금도 이 일이 아무리 힘들고 괴로워도 회피하지 않고 몸소 나서서 정성을 다하고 있다.

교역자 자신의 신앙생활(信仰生活)

나는 "교인들의 신앙수준(信仰水準)은 교역자의 수준을 넘지 못한다"는 말을 깊이 자각(自覺)하고 있다. 즉 교역자가 아무리 최선을 다했다고 스스로 자위해도, 교인들의 신앙생활과 그 수준을 보면 교역자 자신의 수준이 드러난다는 뜻이다. 그래서 목사는 끊임없이 기도하고, 명상(瞑想)하고, 전도하고, 맡은 일에 충성하여 교인들에게 본(本)을 보여 주어야 한다. 목사가 뜨거우면 교인도 교회도 뜨겁고, 목사가 기도 많이 하면 교인도 기도 많이 하고, 목사가 성경을 많이 읽으면 교인도 성경을 많이 읽을 것이요, 목사가 전도를 많이 하면 교인들도 전도 많이 할 것이다.

사모(師母)의 내조(內助)

목사 사모의 역할은 목회에서 참으로 중요하다. 많은 한국 교회에서 사모 문제로 시험이 되는 일이 많다. 물론 그 자녀들, 기타 가족은 신앙생활에서도 교인들에게 모범이 되어야 하겠지만, 사모는 가장(家長)인 목사의 직분(職分)과 그 기능(機能)을 십분 이해하고 도울 수 있어야 한다.

사모는 이와 같은 마음가짐을 가지는 것만으로 부족하다고 보아, 다음 세 가지를 하여야 한다고 생각한다. 즉 눈이 있어도 안 보아야 하고, 귀가 있어도 안 들어야 하고, 입이 있어도 말하지 말아야 한다. 우리 한국에서 여성의 태도와 활동에 대해 복잡한 말이 많듯이, 지도자의 부인의 행동에 대해 대단히 민감하고, 사소한 실수에도 말이 많다.

특히 교회는 사회의 다른 조직과 달리, 사모 문제는 대단히 민감하게 교회에 영향을 준다. 위에서 말한 눈, 귀, 입이 있어도, 보지도 듣지도 말하지도 말라는 말은, 잘 판단은 하되 행동 표현은 신중히 하며, 마지막까지 인내하라는 뜻이다. 나는 이러한 원칙이 목회에서 중요하다는 것은 나의 경험으로도 충분히 알고 있어 이렇게 말하는 바이다.

신앙생활과 한국 전통풍습(傳統風習)

내가 한국 사람으로 기독교 목사가 되고 한국에서 목회를 하다 보니 우리나라 전래(傳來) 생활풍습과 우리 기독교 교리(敎理) 사이에 갈등이 많이 생겨남을 실감하며 살아왔다. 나 자신, 예수 믿고 목사가 된다고 하여 대대로 유교(儒敎) 집안이었던 우리 집안에서는 나를 족보(族譜)에서 뺀다고까지 하면서 야단치셨는데, 그 중 가장 큰 이유는 예수교 믿는 사람은 제사(祭祀)를 지내지 않기 때문이었다. 나의 목회는 옛날 풍습이 거의 그대로 남아 있던 1943년에서부터 우리나라가 매우 선진화(先進化)된 1988년 현재에 이르기까지 사십오 년간에 걸쳐 있어, 그동안 사회풍습과 교회풍습이 갈등을 일으키기도 하고, 또 서로 조화하기도 하는 과정을 모두 겪어 왔다. 목회하는 동안, 이에 관련하여 교인들을 어떻게 지도하여야 하는가는 모든 교인들에 있어 사정이 각기 다르므로 참으로 간단한 일이 아니었다. 옛날에는 믿지 않는 아버지가 과년한 딸이 교회 나간다고, 또는 믿지 않는 남편이 술 먹고 방탕하면서 부인이 교회 나간다고 핍박하는 경우가 많았고, 자녀들이 교회 나감으로써 앞으로 제사 지내지 않을 것이라는 이유로 온 집안이 교회 못 가게 하는 일도 많았다. 그래서 학생 때 교회 나오다가 어른이 된 후 교회에 못 나오는 사람이 많았다. 그러나 요즈음은 이런 문제는 드물다. 대신 한국 사회가 풍요해지고, 의식

(意識)이 선진화(先進化)하고 자유화(自由化)되며, 향락(享樂)과 지성(知性)이 교인을 유혹하는 경우가 많다. 그리고 전에는 미신(迷信)이 교인을 붙잡더니, 요즘은 뜻밖에도 사이비종교(似而非宗敎)와 이상한 신비주의(神秘主義)가 교인을 많이 유혹하는 것을 본다.

데살로니가 전서 5장 22-23절에 "범사(凡事)에 헤아려 좋은 것은 취하고 악(惡)한 것은 모든 모양이라도 버려라"는 말씀에 의지해 볼 때, 우리의 풍속과 일상생활 중에서 버릴 것은 버리고, 취할 것은 취하고, 개선(改善)할 것은 개선해야 할 줄 안다.

따라서 죄(罪) 되지 아니하는 전통이나 미풍양속(美風良俗)은 살려야 한다. 부모에게 효도(孝道)하는 일이나, 어른에게 예의(禮儀)를 갖추는 일, 이웃과 상부상조(相扶相助)하는 일, 명절(名節)에 친척 및 이웃들과 같이 즐겁게 지내는 일 등은 교인들도 지켜야 할 만한 일이다. 그러나 미신적(迷信的)인 일, 즉 무당(巫堂) 굿하는 일이나, 점치는 일, 관상(觀相) 보는 일 등은 절대로 버려야 할 일이다.

이런 일을 판단할 때, 어떻게 기준을 잡을 것인가 하는 문제가 있다. 예를 들어, 음력과세(陰曆過歲)를 생각해 볼 수 있다. 우리나라 전통명절로서 교인들도 지킬 만한 일이 아닌가 생각할 수 있다. 그러나 엄밀히 말하면, 이것은 교인들이 설로 지키는 데에는 문제가 있다. 왜냐하면, 음력은 역(易) 사상에 기초하고 있기 때문이다. 역 사상은 음양이론(陰陽理論)을 바탕으로 하는 유물론(唯物論)이며, 범신론(汎神論)이다. 거기다가 인간의 길흉화복(吉凶禍福)까지 물으니, 인심(人心)을 희롱하는 것이다. 따라서 성묘(省墓) 같은 것도 청명 한식 같은 절기에만 꼭 지켜야 하는 것이 아닌 것이다. 믿는 사람의 회갑 잔치는 육십 주년 생일잔치의 의미로만 새기면 될 것이다. 또 제사는 전 가족이 모여 추도예배(追悼禮拜)로 드리면 미풍양속은 살릴 수 있는 것이다. 사주팔자(四柱八字) 보는 것, 궁합(宮合) 보는 것, 개띠 소띠 따지는 것 역시 역 사상에 근거하며, 미신에 가까우므로 버려야 한다. 또한 그믐날 팥죽 먹는 것, 정초에 호두나 잣 먹는 일 등도 꼭 버릴 풍속은 아니나, 미신에 기초하고 있다는 사실을 알고 있어야 한다.

이런 일들은 목회 중에 끊임없이 일어나고 있다. 교역자는 그러한 한국 전래 풍속의 배경과 의미를 잘 알아, 제사나 굿하는 것, 점치는 것 등은 그 모양이라도 버리도록 하여야 한다.

그러나 어떤 풍속은 그 뜻이 훌륭하여 취할 만하면 개선해서 살리도록 해야 할 것이다. 교역자는 잘 판단하여, 각자 교인의 집안 배경과 주변 사정에 맞게 지도하여, 점차 높은 수준의 신앙으로 성숙하도록 인도하여야 할 것이다.

앞으로 하고 싶은 일

회고록을 끝냄에 있어 과거를 돌아보니, 보람 있고 기쁜 일도 많았으나 후회되는 일도 많다. 내 목회는 주로 교회를 개척하는 일이 많아 항상 교회 운영(運營)에 급급하다 보니 내가 하고 싶은 일을 하지 못한 것이 많다. 여러 가지 후회되고 아쉬운 것이 많지만, 특히 마지막 목회지인 강서교회를 부흥시키지 못했고, 또 예배당을 내가 소원했던 것만큼 크게 건축하지 못한 것이 아쉽기 한이 없다. 그러나 어쨌든 세월은 흘러갔고, 이제 은퇴를 하게 되었다. 단지 바라는 것은 강서교회가 훌륭하고 능력 있는 후임 목사님을 청빙하여 더욱 발전하게 되기를 기도할 뿐이다.

나는 아직도 하나님께서 건강을 허락해 주셔서 할 수만 있다면 여생(餘生)도 하나님 사업을 위해 노력하고자 한다. 마음 같아서는 또 개척교

출판기념회. 1987년.
평신도들을 위한 『아가서 강해』와 『창세기 강해』를 저술하고, 기독교백주년기념관에서
출판기념회를 가졌다. 남은 여생, 계속해서 평신도를 위한 성경 강해서,
설교집 등을 집필하고 싶다.

회를 하고 싶지만, 그것은 안 될 일일 것이다.

우선 감사하게도 강서교회가 나를 원로목사(元老牧師)로 추대해 주니, 일생의 큰 명예로 알고 나름대로 교회에 봉사하고자 한다.

또 개인적으로 평신도를 위한 신앙서적을 더 내고 싶다. 현재까지 『아가서 강해』와 『창세기 강해』를 출판했다. 『예수전』은 현재 출판 준비 중에 있다. 앞으로 하나님께서 허락하신다면, 이러한 책을 더 내고 싶다. 원고 정리가 가능하다면 설교집(說敎集)도 내고 싶다.

이제라도 할 수 있다면 학사(學舍)를 경영해 보고 싶다. 나 자신 일본에서 공부할 때 경험도 했고 또 서울에서 목회하는 동안 많은 시골 학생들이 서울로 공부하러 와서 고생하는 것을 보아 온 터라, 이들을 도와주고 싶은 것이다. 특히 목사 자녀들을 위해 학사를 마련하여 경제적으로도 돕고 싶다. 서울 같은 대도회지에서 어린 학생들이 신앙을 유지하기 위해서는 이러한 학사가 도움이 될 것으로 생각된다. 이런 생각은 삼십 년 전 서울에 처음 왔을 때부터 있었고, 그래서 기회 있는 대로 몇 사람에게 말도 해보았으나, 아직 그 계획을 이루지 못하고 있다.

또 꼭 하고 싶은 일은, 평신도(平信徒)를 위한 성경학교(聖經學校) 설립이다. 나는 학자가 아니라서 본격적인 신학을 교육하기에는 부족하지만, 평신도를 위한 학교는 꼭 할 만한 일이라고 생각한다. 서울에 총회 직영 고려신학교를 유치하는 일은 어느 정도 성공하였다. 이제 평신도를 위한 성경학교가 필요하다.

이러한 일들은 막대한 재정이 필요하며, 쉬운 일도 아니다. 또 내가 직접 하기도 어려운 일이다. 다른 사람이라도 이 일에 나서기 바라며, 그때 나의 도움이 필요하다면 적극 돕겠다.

그러나 이런 일을 하나님께서 허락하지 않으신다면, 원로목사로서 교회를 도우며, 또 필요할 때 교단과 한국 교회를 위해 할 수 있는 일을 하며, 또 쓰고 싶은 책을 쓰며, 손자들 커 가는 것을 보며, 하나님 부르실 때까지 조용히 사는 것도 또한 좋은 일일 것이다.

나의 남편이 다 하지 못한 말들
아내 변증이의 회고

남편의 소천(召天) 일 주기를 맞아서

남편이 1988년 강서교회를 은퇴하고도 우리 부부는 이십일 년을 더 같이 살았다. 남편의 소천(召天) 일 주기를 맞아 이십여 년 전에 출간한 민영완 회고록 『때를 따라 도우시는 은혜』를 재출간하면서, 거기에 덧붙이고자 그 이후의 일들을 말해 달라고 해서 이 구술을 하게 되었지만, 막상 지난 일을 기억하자니 그리 수월하지만은 않다. 많은 시간이 흘렀고, 또 내 나이도 많아 기억이 흐리다. 아주 옛날 일은 오히려 기억이 뚜렷하나, 은퇴 후의 일은 연도나 날짜 등 정확히 기억하기 어렵지만, 그 후로도 하나님의 도우심으로 은혜가 충만한 일들이 가득한 날들이었다.

은퇴 후 세월도 은퇴 전만큼이나 바쁘고 보람되었다. 남편은 여전히 열심히 기도생활, 신앙생활을 하였다. 집에 있으면서 시간을 정해 놓고 자식들, 그리고 일가친척들을 위하여 기도하였을 뿐 아니라, 이전부터 알고 지내는 교인들, 지금도 교제하고 있는 다른 목사님들과 교우들, 교회들의 사정을 하나하나 헤아리면서, 위하여 기도하는 것이 가장 중요한 일과였다. 또 요청이 있을 때마다 설교도 하였고, 집회를 열기도 하였으며, 교역자가 일시 공석인 교회에 가서 잠깐 동안 주일예배를 인도하기도 하였다. 은퇴 후의 설교가 오히려 더 영력이 있는 것 같았다. 이십여 년이 한순간같이 지나갔다.

여기에, 은퇴 후의 생활뿐 아니라, 남편의 회고록에 다하지 못한 옛날 이야기를 더하려고 한다. 내가 예수 믿게 된 과정과 남편이 목사가 될 때까지의 일들이다.

내가 예수 믿기까지

공부

나의 친정아버지(卞義燮)께서는 일찍이 서울로 유학하여 신학문을 공부하셨기 때문에 누구보다 먼저 세상사에 눈을 뜨게 되셨다. 무엇보다 자식들을 교육시켜야겠다는 생각을 강하게 가지셨다. 서울에서 고향에 돌아와 보니, 특히 여자들은 거의 교육을 받지 못하고 있는 현실을 매우 안타까워하셨다. 비록 일제 치하에 있었지만, 그들이 최소한 한글은 깨우쳐야 한다고 늘 말씀하셨으며, 그런 뜻으로 고향 마을에 사립 초등학교를 설립하시게 되었다. 그런데 동네 나이 많은 여자들은 입학이 어려워, 아버지께서는 우리 마을에서 십 리 정도 떨어지고, 마산에서 육십 리 정도 되는 다른 동네에 학교를 세우려고 하셨다. 그러자 윗동네 사람들과 아랫동네 사람들 사이에서 다툼이 벌어졌다. 그 학교를 서로 자기네 동네에 세우려고 했기 때문이다. 결국 재판까지 하게 되었는데, 우리 아버지께서 이기셨다. 재판에 진 사람들은 면목이 없어, 그 동네 아이들을 학교에 보내지 않다가, 이 년 쯤 후부터는 모두들 나오게 되었다.

학교에서 공부를 하게 된 마을의 과년한 처녀들은 대단히 기뻐하였다. 그들의 배우고자 하는 열망이 매우 커서, 학교를 세워 배우게 해 준 아버지께 무척 감사하였다.

그때 나도 일학년에 입학했다. 매일같이 처녀들이 와서 나를 업고 학교에 다녔다. 나도 어린 마음이었지만, 배우는 것이 참으로 재미있고 즐거웠다. 신학문도 배우고, 노래와 무용도 배웠다.

나는 삼대(三代) 만에 처음 얻은 딸이었기 때문에, 쥐면 터질까 내려놓으면 깨질까, 집안 어른들에게 각별한 귀염을 받으면서 자랐다. 군(郡) 내

친정 할아버지의 회갑연. 1936년 4월 6일(음력).
아버지와 어머니를 일찍 여읜 어린 나를 지극한 사랑으로 길러주신 분은
나의 할아버지, 할머니였다. 내가 시집온 지 석 달 만에 친정 나들이를 와서
몇 개월 머물러 있는 동안, 우리 할아버지(변상용)의 회갑연이 있었다.

에서 내가 우리 할아버지 손녀라고 해서 모르는 사람이 없을 정도였다. 나를 소중히 여기신 그 사랑을 이루 말로 다 표현할 수 없다. 마침 아버지의 팔형제 중 막내인 삼촌 변구섭(卞九燮) 님이 나와 동갑이어서 우리는 같이 학교에 다녔다. 그때는 책가방이 없던 시절이라 책을 보자기에 싸서 어깨에 둘러매고 다녔다. 막내삼촌은 내가 무거워할까 걱정되어 내 책보자기도 자신이 둘러메고 내 손을 꼬옥 잡고 다녔다. 내가 혹여 다치기라도 할까봐 감히 누구도 나에게 가까이 오지 못하게 하였다.

어느 가을날, 학교에서 운동회가 있었다. 할아버지를 위시한 우리 온 식구들이 다 구경하러 왔다. 할아버지께서는 막내아들과 귀한 손녀가 운동회를 한다고 해서, 운동회를 구경 온 그 많은 마을 사람들 모두에게 점심을 대접하기도 했다. 나는 운동회 때 무용을 했었다. 그런데 할아버지께서 귀한 손녀딸인 내가 춤추는 것을 보시고는 그만 마음이 크게 상하셨다. 여자아이가 뭇 사람들 앞에서 춤을 춘다고 화가 많이 나신 것이다. 한바탕 소동이 일어났고, 학교마저 다니지 못하게 하셨다. 신식 공부를 하신 아버지께서 그것은 무용이라는 것으로, 나쁜 것이 아니라고 간곡히 설득하셨지만 아무 소용이 없었다. 그 이후로 나는 학교에 갈 수 없었고, 겨우 겨우 졸업만 할 수 있었다.

동갑인 막내삼촌은 진주중학교에 진학했지만, 나는 중학교에도 진학할 수 없었다. 나도 몹시 중학교에 가고 싶었지만, 할아버지께서 극구 반대하셨다. 그 당시 중학교에 가려면 마산이나 진주에 유학하여 하숙을 해야 했는데, 그러다가 내가 혹시 잘못될까 봐 염려하셨기 때문이다. 그러나 아버지께서는 총명한 딸을 공부시키고 싶어하셔서 설득을 거듭하셨지만, 할아버지께서는 종내 뜻을 굽히지 않으셨고, 한동안 종들을 시켜 내가 집 밖으로 나가지도 못하게 하셨다.

나는 중학교에 진학하여 계속 공부하고 싶은 열망으로 가득했다. 내가 얼마나 울고불고 했는지 말로 다 할 수 없다. 너무 나를 과히 보호하는 것도 정말 싫었다. 아버지께서는 한지로 책을 몇 권 만들어 나에게 글을 가르쳐 주시려고 하셨지만, 나는 "학교도 못 가는데, 이런 게 다 무슨 소용입니까" 하며 책과 벼루, 먹을 마당에 던져 버렸다. 할아버지께서 그 모습을 우연히 보시고는 마당에 떨어진 책을 주우시면서 나를 달래셨다. 그러나 몹시 상심한 나는 "나를 이렇게 무식쟁이를 만들어서 어떻게 할 것이냐"며 서럽게 울었다. 이런 모습을 본 우리 삼촌들은 "네가 공부를 했더라면 아마 국회의원도 했을 거다"면서 종종 우스갯소리로 나를 놀리곤 하셨다.

개종

그 당시 담임교역자가 없었던 시골 교회는 외국 선교사들이 순회하면서 교회를 돌보았다. 내 고향 마을에서 가장 가까운 도시인 마산에 선교사가 세운 문창교회라는 큰 교회가 있었는데, 이 교회에서 때가 되면 인근 시골 교회에 전도사나 선교사를 파견하여 학습을 세우고, 세례를 베풀곤 했다. 나는 나의 외갓집이 있던 곡안리의 곡안교회에 다녔는데, 그 교회에도 그분들이 오셔서 주일예배를 인도하기도 했고, 여름이면 하기아동성경학교도 열었다. 나는 호주에서 오신 맹호은 선교사에게 학습을 받았고, 세례는 문창교회에서 시무하셨던 김동선 목사님에게 받았다.

특히 하기아동성경학교를 열 때는 유명한 선교사, 전도사 들이 많이 들 오셨다. 특히 여선교사님들은 내 선망의 대상이었다. 참 똑똑하고 총명한 그분들이 부러워서, 나도 그런 분들처럼 되고 싶어 열심히 교회에 다녔다. 특히 나의 신앙에 큰 영향을 주었던, 성함이 최덕지(崔德志)인

여선교사님이 계셨는데, 일제 치하 그 험한 핍박 중에서도 사십 일 금식하며 기도하신 것으로 유명하셨던 분이다. 그분의 지도 아래 문답을 준비하면서, 십계명과 사도신경, 주기도문을 아주 잘 외워서 호주 선교사들이 무척 감탄하며 나를 참으로 귀여워해 주셨다. 그때의 첫 믿음과 감동이 지금까지 내 신앙을 지키는 힘이 되었다. 다행스럽게도 우리 집안에서는 내가 교회에 다닌다고 뭐라 하는 사람이 한 사람도 없었다.

결혼, 그리고 시집살이

나와 동갑인 막내삼촌이 유학 중 결혼하게 되었는데, 신부는 그 후 나와 결혼하게 된 내 남편의 사촌누님이었다. 그 숙모가 시집올 때 우리 시아버지 삼형제도 같이 오셨다. 시아버지께서 내 이야기를 들으시고, 며느리 후보자로서 나를 몹시 보고 싶어하셨다.

그래서 결국 결혼이 이루어졌다. 막내삼촌과 숙모, 나와 나의 남편은 우연히도 모두 동갑이었고, 그런 인연으로 그 이후 평생 누구보다 더욱 가깝게 지냈다. 이제는 세 분이 모두 돌아가시고 나만 남았다.

시집은 경상도 산청 한개(大浦)마을이다. 신작로에서 버스를 내려, 경호강을 나룻배로 건너고, 그러고도 산길로 언덕을 넘어야만 하는 벽지였다.

우리 동서들은 모두 분가해 나갔기 때문에, 아무도 도와주는 사람 없이 나는 혼자서 새벽부터 밤중까지 그 많은 집안일을 해내며, 십여 년 동안 시집살이를 했다. 논에 모심기를 할 때에는 사오십 명의 밥을 나 혼자 다 해내기도 했다. 옛날 양반가정에서는 시집 온 색시는 삼 개월간 시댁 어른들께 아침문안을 드려야 했다. 시조모님, 시아버님, 시어머님께 문안 드리려면 새벽 세시에 일어나서 단장을 하고 준비하여 가야 했다. 그렇게 문안을 가면 다들 사모관대하고 기다리고 계셨다.

내가 시집가면서 빨래비누를 많이 가지고 갔었다. 물자가 부족했던 일제 말엽, 시골에서 구하기 어려운 귀한 것이었다. 그런데 시댁 어른들은 내가 가져간 비누를 새 신부 왔다면서 주변 사람들에게 다 나눠 줘 버리고는, 비누 대신 콩깍지 벗겨 끓인 물로 빨래를 하게 했다. 그러니 때가 잘 지워지지 않았다. 친정에서 나는 고운 풀잎같이 살았는데, 앞 도랑의 그 차디찬 물에서 콩깍지 물로 빨래를 할 수밖에 없었다. 내가 처음 시집 왔을 때, 앞을 못 보시는 시할머님이 내 손을 만지며, "이런 고운 손으로 무슨 일을 하겠느냐"고 말씀하시던 내 손은 부르트고 갈라져 피가 나곤 했다. 여든이 넘은 시할머님은 남편과 삼남매가 모두 전염병으로 죽자, 그 충격으로 실명하시게 된 것이다. 나는 앞을 못 보시는 시할머님을 잘 공경하고 성심을 다하여 모셨다. 그분은 나를 보지도 못하시면서도 항상 "우리 넷째 손부가 어찌 그리 인물이 훤하노…" 하시곤 했는데, 내가 "앞도 보지 못하시면서 어찌 아십니까?"라고 여쭈면, "내 마음으로 다 보인다"고 하셨다. 우리 시아버지께서도 나를 매우 귀여워해 주셨다. 항상 "예수 믿는 것만 빼면, 정말 나무랄 데가 없다"고 칭찬하셨다.

내가 시집간 지 석 달 만에 친정에 돌아와 한동안 머물렀는데, 이때 우리 친정 할아버지의 회갑 잔치가 있었다. 회갑 잔치에 시아버님과 당신의 삼형제가 모두 같이 오셨지만, 내 남편은 데려오지 않았다. 나의 할아버지는 귀한 사위를 데려오지 않았다고 매우 섭섭해 하셨다. 나는 그때만 십팔세의 어린 나이라 섭섭한지 어떤지 잘 몰랐지만, 나의 백모님은 비단으로 나와 남편의 옷까지 지어놓고 기다리셨는데, 실망이 크셨다. 내 옷을 얼마나 예쁘게 지어 놓으셨는지, 아직도 기억에 생생하다. 그 총명하시던 나의 아버지는 일찍 세상을 떠나셔서, 잔치는 기쁨과 더불어

아들 잃은 슬픔에 온통 눈물바다였고, 특히 내가 할아버지께 절을 할 때 더욱 그랬다.

친정에 머무는 동안 시아버지께서는 계속 전보를 치시며, 내가 집에 없으니 허전하다시며 빨리 돌아오라 하셨다. 시집으로 돌아가기는 가야겠지만, 저렇게 오라 재촉하시니 더 돌아가기 싫었다. 우리 시아버님은 다른 며느리들에게는 그러시지 않으시면서, 왜 유독 나에게만 그러셨는지.

나는 시댁으로 돌아가지 않고, 신학을 공부해서 전도사가 되고 싶다고 큰아버지께 말씀 드렸다. 큰아버지는 전도사가 무엇인지 모르셨지만, 내가 만약 결혼에 실패한다면 우리 가문에도 수치스러운 일이 될 것이며, 내 밑의 여러 동생들에게도 좋은 본보기가 될 수 없다면서 눈물을 흘리시며 만류하셨다. 그 모습을 보니, 차마 더 이상 시댁으로 돌아가지 않겠다는 말씀을 드릴 수 없었다. 마당에 나와 보니, 하늘에는 밝은 달이 떠 있었다. 그 달을 보면서 하염없이 울었다.

시댁으로 돌아오는데, 시아버지께서 동구 밖에 마중 나와 계셨다. 내가 돌아간다는 전보를 받으시곤, 몇 시간 전에 나오셔서 기다리고 계셨던 것이다. 다시 돌아오고 싶지 않던 시댁이었지만, 막상 시아버님의 기다리는 모습을 뵈니 마음이 아렸다. 이제 오느냐며 참으로 반가워하셨다.

가장 총명했던 둘째아들과 며느리, 우리 아버지와 어머니를 일찍 떠나 보내고, 부모 없는 딸이었고, 또한 3대 만에 얻은 첫 딸이었으니, 우리 할아버지와 할머니께서 참으로 나를 보고 싶어하셨다. 나 또한 그런 사정을 잘 알기 때문에 친정으로 자주 편지를 쓰려 했지만, 그럴 때마다 눈물이 앞을 가려 그러질 못했다. 내가 어쩌다 편지를 보내면 내 고된 시집살이에 할아버지와 할머니가 가슴 아파하시면서 많이 우셨다고 한다. 어느 날, 우리 할머니께서 성태 애비란 종을 시켜 나를 보고 오라 하셨다. 성태 애비는 나를 어려서부터 작은아씨라 부르며 잘 돌보아주던 사람이었다. 뜻밖에 성태 애비를 만난 나는 정말로 놀라고 반가워 와락 껴안았다. 성태 애비도 "작은아씨" 하며 나를 껴안고 눈물을 흘렸다. 이 광경을 보신 시아버지께서 "저 할애비가 누구길래 저러노?" 하시며 놀라셨다. 마님께서 작은아씨를 보고 오라 하셨다는 자초지종을 들은 시아버지께서는 하루 동안 잘 대접하여 보내라 주선해 주셨다. 밤새워 눈물로 지새워, 아침에 성태 애비도 나도 눈이 퉁퉁 부었다. 돌아가는 길에, 할머니께는 내가 잘 살고 있다고만 말씀드리고, 절대로 걱정하실 얘기는 하지 말라고 당부했다.

결혼 후 이 년쯤 되었을 때, 할머니는 내가 정말 보고 싶어 직접 한개에 찾아오셨다. 그때가 가을이었는데, 산을 넘어오시면서 고운 단풍잎을 치마폭에 가득 담아 오셨다. 나뭇잎을 부엌에서 태우면 잘 산다는 옛말이 있었기 때문에, 할머니는 체면 불구하고 손녀딸을 위해 그리하신 것이다. 나는 정말 뜻밖에 할머니를 만나 참으로 반갑고 고마웠다. 시아버님도 조모님이 손녀딸을 보고 싶어서 먼 길 오신 것을 이해하시고, 이웃집에 방을 마련하여 하룻밤을 같이 지내고 오도록 허락해 주셨다. 할머니는 내 손을 쓰다듬으시며, 손이 왜 이러냐며 안타까워하셨다. 밤새도록 이야기하느라 한잠도 자지 못했다.

신앙생활

한 알의 밀알이 땅에 떨어져 썩음으로써 많은 열매를 맺는다고 했다. 내가 시집간 지 석 달 만에 친정에 다녀온 후부터 용기를 얻어서 교회에 다니기 시작했다. 낮 동안 집안일을 빠짐없이 마쳐 놓은 후, 산 넘고 물 건너 십 리 길을 걸어서 교회에 다녔다. 나의 신앙생활을 계속할 뿐 아니라, 시집 식구들을 예수 믿게 하여 구원시킬 목적도 강했다. 나는 홀로 밤새워 바느질을 하는 등 그 많은 집안일을 열심히 해낼 수 있었던 것도 그러한 열망 때문에 힘을 얻어 견딜 수 있었을 것이다. 거기서 무얼 하기에 젊은 여자 혼자 교회에 나다니는가라는 소리를 듣지 않도록, 나는 둘째동서의 네 살짜리 아들과 막내시동생을 데리고 다녔다. 그 아이들을 걸렸다 업었다 하며 얕은 물을 찾아 강을 건너 먼 길을 걸어 다녔다. 하나님의 도우심이 아니었으면, 그 어려운 일을 감당하지 못했을 것이다.

이러한 나의 희생적인 생활에 대해 시댁의 모든 식구들은 나를 민첩하고 영리하며 일 잘한다는 칭찬을 아끼지 않았다. 나는 이 가정을 구원해야겠다는 굳은 결심으로 눈물로 기도했다. 동네에 참봉 벼슬을 하신 분이 있었는데, 그분의 부인이 선교사에게 전도를 받아 예수를 믿게 되었다. 그분에게 우리 시댁 식구들을 함께 교회에 모시고 나가도록 끈질기게 설득했다. 그래서였는지, 어느 날 큰집의 시백모님이 담뱃대를 들고 내가 나가는 교회에 가시겠다고 따라 나선 일도 있었다. 지금, 모든 시댁 식구들이 예수 믿게 된 일의 첫 열매인 셈이다.

우리 친정은 예수를 믿지 않았지만 굿을 하지는 않았다. 그러나 시댁에서는 봄, 가을, 그리고 때마다 무당을 불러서 여러 가지 굿을 하는 게 중요한 일상사 중 하나였다. 이런 것을 보면서, 내가 이 집안에 들어왔으니, 이런 미신들을 타파해야겠다고 결심했다.

어느 땐가, 큰형님이 첫 아들을 낳은 경사가 있었다. 그럴 때면 으레 삼신방을 차리고, 그곳에서 손을 비비며 아이의 안녕을 기구하는 게 관례였다. 그러나 나는 시부모님께, 이런 것은 마귀를 섬기는 일이며, 다 쓸데없는 짓이다, 마귀는 우리를 해롭게만 하지 절대로 이롭게 하지 않는다고 설득하여, 아기 앞에서 굿을 하지 않고 대신 주기도문으로 기도하도록 권고했다.

두 주쯤 지나서 시아버님이 예복을 잘 차려입으시고 첫 손주를 보러 가셨다가 닷새 후에 돌아오셨다. 내가 아침 진짓상을 차려 드렸을 때, 다른 식구들을 모두 불러 모으신 자리에서 나에게 "그것 참 희안하더구나. 굿을 하지도 않고, 삼신방을 차리지도 않았는데도 아기가 건강하더라"며 신기해하셨다. 그래서 나는 다시 한번 더 강조하여 "마귀는 우리를 해롭게만 하지, 절대 복을 주지 않습니다. 제가 무엇 때문에 그 고생을 해가며, 아버님을 그리 설득했겠습니까"라며 시아버님과 모든 식구들에게 보란 듯이 장담했다.

남편이 목사 되기까지

내 남편은 구남매 중 넷째다. 큰형님은 밀양의 어떤 학교를 졸업하시고 은행에 근무하기 위해 객지로 나가셨기 때문에 같이 살지 않았다. 당시, 구인회란 분이 진주에서 포목상을 해서 크게 성공했었다. 시아버님께서 그분의 성공을 보시고, 논 삼십 마지기를 팔아 둘째형님이 포목상을 차리도록 도우셨다. 참으로 영명하셨던 형님은 불행하게도 그만 병이 나 돌아가시고 말았다. 일본에서 공부하고 계셨던 셋째형님이 뒤를 이어 포목상을 계속하게 되었고, 내 남편도 그 일을 거들게 되었다. 남편이 셋째형님과 같이 포목상을 했을 때, 아주 장사가 잘되었다. 그럴 때 예수를 믿게 된 남편은 장사하느라 바쁜 와중에도 열심히 신앙생활을 했었다. 그러다 남편이 공부하러 일본으로 떠난 후에는 장사가 잘되지 않았고, 셋째형님까지 위암에 걸리는 어려움이 겹쳐서 그만 사업을 접게 되었다.

남편의 일본 유학

내가 그토록 하고 싶었던 공부, 전도사가 되려던 꿈이 염원으로 남아 남편만은 꼭 신학공부를 하도록 하고 싶었다. 나는 남편이 집에 들어오기만 하면, "장사해 돈 벌어서 다 무엇 할 것인가. 내가 학비를 책임지고 마련할 것이니, 당신은 신학공부해서 목사가 되어야 한다"고 매일같이 다그쳤다. 내 다그침을 매일 듣던 남편도 아마 참 괴로웠을 것이다. 어느 땐가, 남편과 함께한 친정 나들이 길에서도 하루라도 빨리 공부하러 가라고 강권했다. 만약 공부하러 가지 않으면 나는 이번에 친정에 갔다가 시댁으로 돌아가지 않겠다고 떼를 썼다. 지금 돌이켜 보면 참 당돌한 새색시였다. 그 말을 듣고 있던 남편은 이렇다 저렇다 말하진 않았지만, 내심 작심한 것 같았다. 물론 남편 역시 공부하고 싶은 욕심이 남달랐다.

우리가 같이 섬기던 함양읍교회의 교우들에게서도 남편은 목사가 되라는 많은 권면을 받았다. 남편은 공부할 결심으로, 서울에 가서 이리저리 공부 길을 살펴보았지만, 여의치 않아 며칠을 허비하고 돌아온 일도 있었다. 그 이후, 나는 학비는 무슨 일이 있어도 내가 마련해 볼 터이니, 아예 일본으로 가서 신학을 공부하라고 격려했다.

드디어 남편은 일본으로 유학 길에 오르게 되었다. 우선 중학교 과정을 공부할 때, 학비 오십 원을 보냈었다. 나도 수중에 충분한 돈이 없었지만, 결혼 때 지참금으로 가져온 돈과 가끔 친정에 들를 때마다 어른들이 주신 돈을 아끼고 또 아껴서 학비로 모은 것이었다. 그 당시, 학비를 부치려면 우체국에 가야 했는데, 그 길이 또 산 넘고 물 건너는 먼 길이었다. 나는 학비를 보내면서도 남편이 부담을 갖지 않도록, 시아버님께서 보내신 것이라 하였다.

남편이 어느 날 전보를 쳐서, 신학교에 입학하게 되었으니 우선 입학금 백 원을 보내 달라고 하였다. 당시 논 한 마지기가 이백 원이었으니, 그것은 매우 큰돈이었다. 그것을 시아버님이 보시고, 무슨 귀신학교에 다니느냐며 불같이 화를 내시면서 전보를 내던져 버리셨다. 나는 그 백 원도 어렵사리 마련하여 부치면서 하염없이 울어야 했다.

  남편은 방학 때면 고향에 돌아와서 하기아동성경학교, 집회 등을 열었고, 인근 교회에 초청되어 설교도 하였다. 하나님의 축복인지, 설교를 참 잘하였다. 방학이라 집에 돌아왔지만, 매일 집회에 참석하느라 집에 머문 적이 거의 없었다.

  그러다 사근교회에서 집회하는 도중에, 그만 일본 경찰에 붙잡혀 유치장에 갇히는 어려움을 당했다. 그때 나는 면회 한번 갈 엄두를 내지 못했다. 남편이 감옥에 있으면서 같이 옥살이를 하는 다른 사람들에게 코트 등 옷을 다 벗어 주고 자신은 얇은 담요 하나만 덮고 춥게 지낸다거나, 사식으로 시숙께서 넣어주신 카스테라를 간수들이 가로채서 다 먹어 버렸다는 등 무성한 소문에만 귀기울이면서, 예수 믿다 그런 일 당했다는 나쁜 소문이 날까 전전긍긍할 뿐이었다.

  어느 날, 내가 시아버님 아침 진짓상을 가져다 드리니, 진지를 못 드시고, 자식은 추운 감옥에서 얼어 죽을지도 모르는데 당신만 무슨 호사냐며 눈물을 흘리셨다. 그 모습을 대하니 나도 매우 마음이 아팠다. 남편이 감옥에서 주는 맛없고 차가운 밥이지만 잘 먹고 담대히 지내니 간수들이 감옥생활 오래 해 보았느냐고 야유를 한다는 말씀을 드리면서 시아버님을 위로해 드리기도 했다. 이런 저런 어려운 문초를 당하긴 했어도, 아무 죄를 발견하지 못하자 그들은 석 달 만에 남편을 풀어 주었다. 풀려나서 곧바로 집으로 왔으면 좋았을 텐데, 곧장 집회하던 교회로 가서, 거기서 예배 드리고, 밤새 기도하면서 하룻밤을 지내고 나서야 집으로 돌아왔다. 함양읍내에 가서 출옥한 아들을 보고 그날로 돌아오신 시아버님은 크게 화를 내셨다.

남편은 추운 감옥에서 지내면서 손과 발이 꽁꽁 얼었다가 집에 돌아오니, 이제는 몸이 녹으면서 온몸이 퉁퉁 붓는 병을 얻었다. 한동안 집에서 잘 조리해 주었더니, 건강을 회복하여 다시 유학 길에 올랐다.

남편 역시 유학생활이 풍족하진 않았어도, 내가 학비와 생활비를 정기적으로 보내 준 덕에 신학교 동료들 사이에서 부자 학생으로 알려져서 다른 동료들이 돈이 없을 때면 으레 남편에게 빌리러 오곤 했다 한다.

첫 목회

남편이 신학교를 졸업하고 첫 목회지로 부임한 곳은 경주 안강교회였다. 교인이 삼십여 명 정도인 아주 작은 교회였다. 시무를 시작하면서, 마침내 시댁에서 분가하게 되었다. 내가 시집올 때 친정에서 반상기 등 많은 것들을 해 갔었지만, 분가하면서 받은 것은 거의 없었다. 쌀 조금, 수저 두 벌, 간장과 된장 조금, 그리고 몇 가지의 식기들이 전부였다.

시집살이 때, 앞 못 보시는 시할머님을 극진하게 수종 들면서 삼 년 동안 지냈었다. 그 시할머니께서 돌아가시면서, 내 수고가 참 많았다 하시면서 아끼시던 커다란 방짜를 나에게 주라 유언하셨다. 그것은 시할머님이 대대로 물려받아 사용해 오시던 귀한 것이었다. 경주 안강으로 부임하면서, 가지고 온 세간 중에 그것이 유일하게 귀한 것이었다. 당시 일제 말엽이라, 수시로 일본 경찰들이 집에 들이닥쳐 가재도구를 수색해서 쓸 만한 것들을 강제로 가져갔다. 전쟁 물자를 위해 놋그릇 등 쇠붙이는 모조리 일본놈들이 공출해 갔는데, 그 방짜만은 겨우 간수할 수 있었다. 어느 주일날 교회에서 돌아오니, 부엌에 걸어 둔 그것마저 그들이 가져

가고 없었다. 시할머님께서 나를 유독 사랑하여, 다른 손부들 제쳐 놓고 내게 남겨 주신 것이었는데, 지금 생각해도 안타깝기 그지없다.

그런 와중에 남편이 일본에서 돈을 아끼고 아껴, 밥을 굶기까지 하며 사 모은 책들을 모두 압수해 갔다. 사상에 관한 책이라는 이유였다. 처음엔 책 표지를 넘겨서 저자 사진을 보고 그것이 외국인이면 송곳으로 사진을 후벼 파곤 하더니, 어느 날은 와서 책을 모두 가져가서 불태워 버렸다. 남편은 너무 속이 상해서 사흘 동안이나 금식하며 기도했다. 사흘이 지난 후, 죽이라도 좀 들라고 방에 들어갔더니, 남편은 코피를 물처럼 흘리고 있었다.

그때 나는 일본말을 잘하는 편이었다. 가게에 물건 사러 갈 때 내가 일본말을 잘하니까 일본인 가게 주인이 좋아하곤 했다. 그렇게 일본 사람과 잘 지내기도 했건만, 일제 말엽으로 갈수록 탄압은 점점 더 심해졌고, 결국 남편이 병이 났고, 할 수 없이 그 교회를 사면할 수밖에 없었다.

그때, 나의 넷째숙모님 조카인 조선출 목사가 경주에서 목회하고 계셨다. 남편이 핍박과 고생이 심해 병까지 얻어 사면하게 되었으니, 당신과 같이 목회하자고 권했다. 그분 역시 함안조씨의 완고한 유교 집안이었으나 선교사에게 전도받고 예수 믿어, 유학까지 하신 실력 있는 목사님이셨다. 그때 부엌도 없고, 문과 창도 시원찮은 형편없던 방에서 고생하던 일은 이루 말로 다 할 수 없다.

남편은 본시 몸이 약했고, 가난한 교회를 어렵사리 돌보느라 몸이 성한 곳이 없었다. 나는 곤궁한 가운데서도 생활비를 쪼개 쓰면서, 개소주며, 인삼을 꿀에 절인 것 등 약을 마련하여 들게 했다. 그 시절 거의 모든 교회는 가난했고, 그래서 제대로 된 양복을 입고 다니시는 목사님이 별로 없었다. 몸에 맞지도 않은 옷을 얻어 그대로 입고 다니셨다. 내게는 시집올 때 가져온 싱거미싱이라는 좋은 재봉틀이 있어, 나는 남편이 다른 사람들에게 무시당할까 싶어 와이셔츠도 좋은 감을 끊어 직접 지어 주곤 했었다. 차림새가 좋아, 그 사정을 모르는 사람들 사이에 남편이 부자 목사라 소문나기도 했다. 다른 목사님들의 옷을 수선해 주기도 했다.

우리 부부에게 결혼한 지 십 년이 다 되도록 아이가 없었다. 공부하는 남편에게 짐이 될 뿐 아니라, 시집살이의 어려운 환경 속에서 아이를 키우는 것이 좋지 않을 것 같아 가지지 않았다. 십 년이 넘도록 아이가 없으니, 속 모르는 어른들이 걱정을 많이 했다. 부부 사이가 좋지 않다는 소문이 있기도 했다. 그러나 분가한 지 얼마 후 안강교회에서 시무할 때 큰아들 성길이 태어났다. 우리 부부는 물론이고, 모두들 크게 기뻐했다.

남편의 은퇴 후 이십 년

남편이 강서교회를 끝으로 목회생활을 은퇴하면서, 우리는 송파구 가락동 대림아파트로 이사했다. 강서교회의 후임 목사가 정해지지 않은 상태여서, 후임 목사가 부임할 때까지 주일 설교를 계속하는 것이 교인들, 특히 어린 신자들에겐 좋을 듯도 하였으나, 몇몇 장로들과 후임 목사 초빙에 견해 차이가 있다는 것을 알고 난 후 더 이상 미련을 갖지 않기로 했다. 남편이나 나는 교인 한 사람이라도 이런 일로 시험받는 일이 없어야 한다는 확고한 신념이 있었기 때문이다. 그해 마지막 토요일 이사하기로 모든 준비를 끝냈다.

남편을 원로목사로 추대하는 일에 대해서도 교회 안팎에서 이런 저런 말들이 많았다. 교회를 개척하여, 교회가 성장하여 부흥했고, 원로목사로서의 자격요건인 이십 년간 시무하였고, 원로목사를 추대하는 일이 타

교회의 모범도 될 법했지만, 우리는 또한 이런 일로 하여 교회가 시험에 들지 않도록 기도했다. 당시엔 마음도 아팠고 섭섭하기도 했으나, 지금은 다 흘러간 이야기이다. 노회의 목사님들의 권고가 있은 후, 공동의회를 열어 만장일치로 결정된 것은 참으로 다행스럽고 고마운 일이며, 무엇보다 하나님의 크신 축복이라고 생각하여 감사 드렸다.

평생 목사 사택에서 긴장하고 살다가, 이제 우리만의 주택에서 교인들의 주시에서 벗어나 자유롭게 지내게 되어 한결 마음이 가볍고 즐거웠다. 아파트 앞 공터에 텃밭을 일구어 상추, 고추 등을 심어 키우는 것 또한 즐거운 소일거리였다. 원래 우리는 시골에서 자랐기 때문에 농사일은 익숙한 편이었다. 농약 없이 채소를 가꾸어, 주일 오후마다 찾아오는 자식들에게 나누어 주는 것이 큰 즐거움 중의 하나였다.

남편은 은퇴 후 강서교회에 출석하는 것을 구태여 멀리하였다. 원로목사가 계속 출석하는 것이 친숙한 교인들에겐 좋은 일일 수도 있겠으나, 후임 목사에게 부담을 줄 수도 있기 때문이었다. 우리는 마땅한 교회를 찾아보기 위해 여러 교회를 다녀 보기로 했다. 그러던 중, 송파에서 천광신(千光信) 목사님께서 개척한 언약교회에 출석하기로 정한 것은 참으로 흡족했고, 이 또한 하나님의 은혜라 생각하고 감사했다. 그 교회는 특히 은퇴하신 목사님들을 모시고 예배 드리며, 때를 따라 특별한 대접도 베푸는 교회였다. 거기서 천 목사님과 사모님, 이상석 장로님 내외분께 큰 사랑을 받았다. 설교나 축도를 부탁하기도 하시고, 때때로 우리를 초대해 교외로 같이 나가 즐거운 시간을 갖는 일도 종종 있었다. 특히 이상석 장로님은, 남편이 마지막 가시기 직전까지 자주 찾아와 문병해 주시고, 사소하지만 귀찮은 일들까지 마다하시지 않으셔서 고마운 마음 이루 다 말로 표현할 수 없다.

남편은 은퇴 후에도 여러 교회로부터 청을 받아 설교하거나 집회를 인도하는 등 바쁜 날들을 보냈다. 남편은 설교하기를 사명으로 알아 기회 있을 때마다 열심히 설교하였다. 나이 때문에 피곤해하다가도, 일단 강단에 서면 어디서 그런 힘이 나오는지 우렁찬 목소리로 설교하고 기도하였다. 그리고 후배 목사들이 청하는 교회에 가면, 그 어려운 형편을 보고 사례비를 모두 그 교회에 헌금하였고, 오히려 더 보태어 하기도 했다. 건축가인 둘째 현식에게, 어려운 개척교회의 교회당을 무보수로 설계해 드리라 부탁하여 교회당을 지은 일도 여러 차례 있었다. 묵묵히 아버지의 뜻을 따라 준 작은아들이 참 믿음직스러웠다.

대외활동도 활발했다. 오히려 목회 당시보다 더 열심이었다. 남편은 서울지역에 사는 원로·은퇴 목사님들과 자주 어울렸는데, 서울·경기 지역 은퇴목사회 회장을 맡기도 했고, 나중엔 교단의 원로목사회 회장을 역임하기도 하였다. 한 달에 한 번씩 모일 때는 시내 교회들이 순번을 정해 대접하는 일을 주선하였다. 은퇴 당시엔 서울에 원로목사님들이 그리 많진 않았지만, 지금은 지방의 원로목사님들이 자녀들을 따라 서울에 올라오시는 경우가 많아지면서 수가 많이 늘어났다. 여러 교회로부터 때때로 야유회도 가는 등 사랑의 대접을 받았으며, 그때마다 참 즐거운 시간을 보냈다.

은퇴 직후, 남편은 서울 시내의 목사 사모들과 권사들을 모아 성경공부반을 운영하였다. 이십여 분이 왕십리교회에서 모여 같이 공부했다. 나도 열심히 출석하는 학생이었다. 특히 우리와 신마산교회 시절부터 절친하게 지내는 김숙자 권사도 출석하여 우리에게 큰 기쁨이었다. 이 년 공부 후 수료증도 받았다. 왕십리교회의 사정으로 더 이상 지속할 수 없어 참으로 아쉬웠다.

유럽 여행 중 망중한. 1986년.
남편과 함께 결혼 오십 주년 기념으로 유럽여행을 갔다.
영국 런던 트라팔가 광장에서의 한 때.

서울여자신학교 사모반 수료식. 1992년 2월.
은퇴 직후, 남편은 서울 시내의 목사 사모들과 권사들을 모아
성경공부반을 운영하였다. 나도 열심히 출석하는 학생이었고, 이 년 후 수료하였다.
둘째 줄 왼쪽에서 세번째가 본인, 앞줄 왼쪽에서 세번째가 남편.

회혼례. 1995년 6월 16일.
아이들이 주선하여, 회혼례 잔치를 열었다. 육십 년을 같이 살아온 것, 그리고
아이들이 모두 장성하여 일가를 이루었고, 교회와 사회에서 촉망받는 일꾼으로 성장한
이 모든 것이 하나님의 은혜로 이루어진 것이라 믿어 감사한다.

러시아 교도소 방문. 1992년 4월 30일.
딸이 참가하고 있는 샬롬 성가단 러시아 순회공연에 동참하였고,
특히 교도소를 방문하여 수감자와 함께 예배를 드렸다.
그때의 남편 설교는 큰 은혜가 있었다.

1995년 회혼식이 있었다. 우리가 열여덟 살 되던 해 결혼했으니, 1995년은 결혼 육십 주년이 되는 해이다. 아이들이 회혼식은 근사하게 하자고 해서, 너희들 마음대로 해 보라고 허락하였다. 서울 밀레니엄 힐튼호텔에서 회혼식을 가졌다. 정말, 많은 분들이 오셔서 축하해 주었다. 누구나 하듯, 옛날식 신랑신부 옷을 입고 사진도 찍었다. 아들, 딸, 며느리, 사위, 손자, 손녀 모두들, 가족창을 해주어 즐겁고 기뻤고, 무엇보다 손녀 소연이의 해설과 함께 우리 부부가 그때까지 살아온 일생을 사진으로 엮어 보여 준 것이 좋았다. 참 오래도 살았다. 평생 네 곳이나 교회를 개척하면서 고생하던 생각들이 주마등같이 지나가고 있었다.

　이제, 여행도 자주 할 수 있었다. 지방 교회로부터 초청을 받거나, 집안의 형제자매들과 여러 곳을 여행하기도 했다. 친정식구들과 일본, 홍콩, 중국 등 해외여행도 했으며, 특히 큰아들 내외와 함께한 금강산과 일본 북해도 여행은 특히 즐거웠다.

　딸이 참가하고 있는 샬롬 성가단을 따라 해외여행도 수 차례 했다. 가는 곳마다 남편은 현지 교회에서 예배를 인도하고, 설교하였다. 그 중 러시아에 갔을 때는 그곳에서 활동하는 선교사들과 합동으로 선교집회를 가지기도 했다. 특히 수많은 러시아 인들이 모였을 때와 교도소에서의 설교는 큰 은혜가 있었으며, 나 또한 큰 감동을 받았다. 어떤 집사님의 요청으로 일본 선교회에서 고문으로 활동하였을 때, 그 선교회 교인들과 일본으로 선교여행을 수 차례 갔었는데, 가는 곳마다 남편은 일본어로 유창하게 설교하였다. 그곳 목사님이 크게 감동하여 껴안으시면서 '오또상' 하자고 하였던 즐거운 기억도 있다. 한때 미국 로스앤젤레스에 있는 신학교에서 강의를 하기도 했고, 일본 아오모리에서 담임목사님의 안식년 동안 잠깐 목회를 하기도 했다. 그러나 날씨도 춥고 혼자 지내시는 것이 힘들어 얼마 지나지 않아 귀국하였다. 이제 늙어서, 생각대로 활동하시기가 점점 어려워졌던 것이다.

어느 땐가, 우리 삼남매 부부와 다같이 시댁인 한개와 나의 친정 양촌으로 두루 다닌 가족여행은 참 즐겁고 뜻 깊은 여행이었다. 그때 나의 고향 친정에는 숙부 한 분과 올케가 남아 있었을 뿐이었지만, 옛날 시집살이로 고생하던 곳, 내 어릴 적 추억이 담뿍 남아 있는 곳을 자식들과 동행하니 감개무량하였다. 친정엔 개척한 지 얼마 되지 않은 작은 교회(양촌교회)가 있었는데, 그곳에서 주일설교를 하였다. 그 교회 목사님은 고향의 선배 목사님이 설교하신다고 무척이나 기뻐하였다. 내가 처음 예수 믿던 동네에 생긴 교회에서 설교하는 남편의 모습을 보면서, 나 자신 가슴 벅찬 은혜를 받았다.

사위 남귀현 장로가 모로코 대우자동차회사의 사장으로 일하고 있을 때 우리를 초청하여 카사블랑카에서 두 달여 지낸 즐거운 일도 있었다. 그때 현지 교회의 교우들에게 많은 사랑을 받았다. 남편은 그곳에서 집회를 인도하기도 했다. 그 교회는 한국인과 미국인, 그리고 프랑스 인들이 공동으로 사용하고 있었는데, 성찬식을 서양 목사님들과 공동으로 열었다. 그 때 남편도 강단에 섰는데, 그 감동적인 광경이 지금도 생생하게 남아있다.

무엇보다 뜻 깊었던 여행은 남편이 신학공부하였던 간사이성서신학교를 방문하였던 일이다. 모교 졸업생으로 한국에서 유명한 목사가 되었고, 또한 총회장을 역임했던 분이 오셨다고 크게 환영해 주었다. 학교 예배시간에 설교도 하였고, 오사카 성 잔디밭에서의 야외예배에도 동참하여 즐거운 시간을 보내기도 했으며, 교장 댁에 초대받아 후한 대접도 받았다.

고향 인근 농월정에서 남편과 함께. 2004년경.
아이들 내외와 함께 고향을 방문하였다. 해방 전후, 이 지역 교회의
수양회 장소였던 농월정도 돌아보았다.

남편은 은퇴 후에 교단을 위해서도 힘닿는 대로 여러 활동을 하였다. 우리 교단의 총회와 노회는 빠짐없이 참석하였고, 한국기독교총연합회(한기총)의 임원으로도 활동하였다. 오래 전부터 우리 고려교단이 수도권으로 영역을 넓혀야 한다고 외롭게 주장하신 뜻이 이루어져서 교단 총무실, 고려신학교 서울 분교를 만들기 위해 노력하였다. 서울 분교장을 맡았을 때, 학위 문제로 그만두시게 되어 나로서는 참 섭섭하기도 했지만, 고려신학교가 수도권인 천안으로 이전되었을 때 나는 물론 남편은 그 누구보다 기뻐하였다.

남편은 책도 많이 썼다. 집에 있을 때는 거의 종일 책상에 앉아 회고록 『때를 따라 도우시는 은혜』를 비롯하여 『아가서 강해』, 『예수전』, 『로마서 강해』 등 여러 권의 평신도를 위한 성경강해서를 썼으며, 두 권의 설교집도 출간하였다. 회고록 제목이 된 '때를 따라 도우시는 은혜'는 남편이 늘 입에 올리는 말이었고, 우리는 평생 그 은혜를 받으며 살았다고 믿는다.

남편은 목사로서 두 아들 중 하나는 목사가 되기를 간곡히 소원하셨다. 그러나 큰아이는 의사, 작은아이는 건축가가 되었다. 섭섭했지만 어쩔 수 없었다. 실은 나는 아들이 목사가 되는 것을 꼭 바라지만은 않았다. 남편의 목사로서의 일생이, 나의 사모로서의 생활이 너무 많은 고생으로 점철되어 있어, 아들들이 그 어려운 삶을 살기를 어미로서 바라지 않았기 때문이다. 그러나 하나님의 크신 섭리로, 뜻밖에 외손자 호진이 목사 되기로 결심하였다. 딸과 사위는 그 결정에 몹시 고민하였지만, 결국 하나님의 뜻으로 알고 순종하기로 하였다. 남편은 드디어 평생의 기도에 하나님께서 응답하셨다고 대단히 기뻐하였다.

호진이가 목사 되기로 결심하고 입대했을 때, 자주 그 절절한 사랑이 넘치는 편지로 격려하였다. 그 편지의 하나를 여기에 소개하고자 한다.

호진아
네가 보낸 片紙 반가이 받아 보았다.

어렵고 힘든 訓練을 잘 받고 있으며, 이제는 조금씩 軍隊生活에 익숙해져 간다고 하니 더욱 感謝하구나. 또한 네 祈禱가 끊이지 않고 繼續되며, 그 어려운 속에서도 도리어 使命感이 確實해지며, 때를 따라 機會마다 느끼는 일이 많고 깨닫는 바도 많다 하니, 정말 感謝하구나.

지금까지 父母 膝下에서, 또한 兄弟 間의 사랑 속에서 걱정 없이 自由롭게 지내다가, 이제는 네 혼자 自力으로 나아가려고 하니, 여러 가지 힘들고 고달픈 일이 많아, 自然히 祈禱가 나오고, 하나님께 매달리게 되는 것도 事實일 터이니, 할아버지도 충분히 理解가 된다.

한 가지 부탁은 只今까지 家庭에서, 學校에서, 敎會에서는 배우지 못하고 經驗하지 못한 것, 많이 배우고 習得하기 바란다. 軍隊가 아니면 보지도, 듣지도, 배울 수도, 體驗할 수도 없는 것들 많이 얻어 가지고, 앞에 놓인 險難한 世上 더욱 敎會生活에 有效하게 活用하기 바란다.

使徒 바울은 一片丹心, 平生을 바쳐, "살든지 죽든지 내 몸에서 그리스도가 尊貴히 되게 하려 하나니, 이는 내게 사는 것이 그리스도니, 죽는 것도 유익함이니라."(빌 1:20-21) 이런 精神으로 福音을 傳播하되, 異邦人의 使徒가 되어, 약 사십 년 동안 地中海 沿岸을 中心으로 水陸萬里를 무려 세 번이나 이곳저곳 다니면서, 갖은 苦痛과 患亂과 逼迫을 무릅쓰고, 福音을 전하다가, 마침내 로마 官兵들에게 逮捕되어 멀리 로마로 護送되어, 이제는 白髮이 성성한 칠십 세의 老使徒로서, 鐵窓의 몸이 되어 不自由하던 중에서도 世界萬方에 흩어져 있는 敎會와 여러 聖徒들을 爲하여 祈禱하고, 書信으로 指導하며, 그리고 平生 동안 주리고 목마르고 매맞고 逼迫과 患亂 속에서 福音을 傳하다가 결국은 灌祭와 같이 부음이 되었으니(딤후 4:4-5), 그 屍身도 무덤도 어디 있는지 모르지만, 그가 傳한 福音과 그가 세운 敎會는 그 時代가 다음 時代로 傳達되어 땅끝까지 傳播되어, 예수님 遺言(행

1:8)은 이루어졌다고 믿고 感謝 드린다.

    호진아, 할아버지와 할머니는 恒常, 내 뒤를 이을(繼承할) 牧師가 나오지 않음으로 죄송하기 말할 수 없었는데, 이제 정말 感謝하기는, "外祖母 로이스와 어머니 유니게의 아들 디모데"(딤후 1: 5)와 같이, 意外로 "호진"이 네가 牧師가 되기 爲하여, 神學校를 가기 위해서 모든 것 다 整理하고, 自進해서 軍隊에 간다는 것이 하나님의 攝理인 줄 믿고 더욱 하나님께 감사할 것뿐이다.

    모로코의 엄마로부터 片紙가 왔고, 寫眞도 많이 부쳐 왔다. 그곳도 無事하고, 모든 事業도 順調롭게 잘 進行된다고 하니, 하나님의 恩惠인 줄 믿고 더욱 感謝한다.

    몸 健康하고, 訓練 잘 받기를 바라고, 기도 많이 하고, 하나님의 引導와 勸告가 있기 바란다. 訓練을 마치고 配置가 되면 또 連絡하기를 바란다.

    쉬지 않고 祈禱한다. 믿음으로 여호수아와 같이 힘 있게, 膽大하게 生活하기를 祈願한다.

    一九九八年 八月 三日
    외할아버지, 외할머니로부터

    호진이는 대학을 졸업한 후 고려신학교에서 공부하게 되었고, 남편은 외손자를 샘물교회에 데려가 강도사로 사역하도록 주선하셨다. 거기서 좋은 사모감인 신부를 만나 결혼도 했다. 고려신학교를 졸업하고, 샘물교회에서 목사 안수를 받은 날 우리 모두 하나님의 크신 축복에 진심으로 감사 드렸다. 지금 호진이는 캐나다 토론토대학교 낙스대학 박사과정에 입학하여, 열심히 공부하고 있다. 외할아버지의 본을 받아 좋은 목사가 될 것으로 믿고 기도한다.

외손자 호진이의 목사 안수식. 2007년 4월 10일.
하나님의 크신 섭리로, 외손자 호진이가 목사가 되어 외할아버지의 신앙과 실천을
이어가게 되었는데, 이를 남편은 그 무엇보다 기뻐했다. 호진이가 목사 안수를 받던 날,
우리 모든 식구가 함께하여 진심으로 감사하며, 축하하였다.

남편은 평생 주의 일을 하느라 고생했지만, 은퇴 후 노년에 자식들의 극진한 효도를 받으며 누구보다도 행복하게 살았다. 모두들 목사로서, 남편으로서, 아비로서, 남편처럼 깨끗하게 산 사람이 없다고들 칭송한다. 남편은 평소 자신이 일본 유학하며 공부하고, 기나긴 목회를 잘 이어갈 수 있었던 것은 모두 내 덕분이라고 늘 칭찬하였다. 너무 힘들고 어려운 삶을 살았지만, 많은 교회를 개척했고, 또한 우리로 인해 시댁 식구들도 예수를 믿고 신앙생활을 잘하고 있는 것을 보며 나 자신 또한 큰 은혜를 받는다. 더욱이 우리 자식들은 참으로 잘 장성하여, 이제 교회에서, 사회에서 칭송받는 사람들로 자라 주어 참 고맙고, 하나님의 크신 은혜로 알고 감사드린다.

  큰아들 성길이는 평생 연세대학교 의대에서 교수로 지내며 남편이 개척한 강서교회에 장로로 시무하다가, 육십오 세 되던 2009년 교회 장로직과 교수직을 은퇴하였다. 그해 2월 큰아들이 명예롭게 은퇴식 하던 날, 남편과 나는 참석자들에게 큰 박수를 받았다. 지금 큰아들은 정년퇴직 후 곧 서울특별시 은평병원에 원장으로 일하고 있다. 며느리 문경덕은 여전히 권사로서 강서교회를 중심으로 열심히 신앙생활을 하고 있다. 큰손자 병현은 연세대학교 전자공학과를 졸업하고, 삼성전자에서 근무하고 있다. 직장의 배려로 한양대학교 대학원에 수학하여 석사를 받았다. 2006년 연세대학교 국문과를 졸업한 홍진아와 결혼하여 슬하에 딸 서진을 두고 있다. 둘째 병철은 연세대학교 컴퓨터학과를 졸업하고, 현재 팬택에 근무하고 있으며, 2005년 이화여대 도서관학과를 나온 윤여진과 결혼해서 아들 준기를 두고 있다.

  작은아들 현식이는 오랫동안 일했던 원도시건축을 사직하고, 건축사사무소 기오헌을 열어 독자적인 건축활동을 하고 있으며, 1997년 한국

예술종합학교 미술원 설립에 참여하여, 현재 건축과 교수로 재직하고 있다. 며느리 한혜영은 두 딸을 잘 길러, 큰딸 소연이는 이화여대 사회학과에 이어, 한국예술종합학교 영상원 영화과를 졸업하고, 2006년 같은 과에서 영화촬영을 전공한 김동영과 결혼하여 같이 영화작가로서 인생을 시작하였다. 둘째 딸 소정이는 한국예술종합학교 미술원 조형예술과에서 순수미술을 전공하고, 이어 런던으로 건너가 AA School에서 건축을 공부하고 있다. 이 학교는 1989년 아버지가 수학하기도 했던 세계적 명문인 건축학교이다.

딸 성희는 강서교회 권사로서 교회에 봉사하면서, 서울노회 여전도연합회장, 철원수양관 이사장 등 교단을 위해서도 성실히 활동하고 있으며, 사위 남귀현 장로는 역시 강서교회 장로로서 성심성의를 다하여 교회를 섬기고 있다. 대우 모로코사장, 인도 대우자동차사장, 아남전자 대표이사 부회장을 역임한 후 현재 그 회사의 고문으로 재직하고 있다. 큰딸 지흔이는 이화여대 미술대학 조소과 및 동대학원을 졸업한 후, 1996년에 판사였고 지금은 김앤장 법률사무소에서 변호사로 활동하고 있는 김성진과 결혼하여 슬하에 준형, 준서 남매를 두고 있다. 목사가 된 큰아들 호진은 2003년 권미조와 결혼하여 승수, 윤수 두 아들을 두고 있다. 둘째아들 우진은 서울공대 전자공학과 및 동 대학원을 졸업하여 박사학위를 취득하고, 현재 엘지디스플레이 차장으로 근무하고 있으며, 2005년 이효숙과 결혼하였다. 셋째아들 세진은 서울대학교 치과대학을 졸업한 치과의사로서 서울스타일치과 원장으로 활동하다가, 현재 미국에서 일하고 있으며, 2003년 미국에서 성악가로 활동하고 있는 양지영과 결혼하였다.

남편의 마지막 생신. 2009년 6월 16일.
이날은 남편의 구십일 회 생신이었다. 모든 식구들이 모였고, 남편은 어떤 생일보다
더욱 즐거워하셨다. 그날이 남편의 마지막 생신이었다.

나이가 아흔을 넘어가면서 남편의 체력도 급격히 약해졌다. 전에 살던 가락동에서 일원동으로 이사와 평소 집 뒤의 우면산 약수터에 즐겨 다녔으나, 다리에 힘이 없어져서 약수터에 다니는 건 물론 집 근처 산책도 정기적으로 못하게 되었다. 점점 기억력도 떨어졌지만, 그런데도 기도나 축도를 요청받으면 여전히 우렁찬 목소리로 잘 하였다.

죽음

매 주일 오후에 자식들이 찾아와 항상 즐거운 시간을 보냈고, 특히 생신 때면 우리 모든 가족이 모여 즐겁게 잔치를 벌이곤 했다. 해마다 손자, 손녀, 손자며느리, 증손자, 증손녀 등 식구가 늘어가는 것은 큰 기쁨이었다. 2009년 6월 16일은 남편의 구십일 세 생신이었다. 큰며느리가 주선해서 강남의 어느 일식당에서 자녀들 내외, 손자들 내외, 증손자, 증손녀 등 모든 식구들이 모였다. 미국 유학 중인 외손부까지 참석하게 되어 더욱 기뻤다. 생일케이크 촛불은 남편과 증손자 준기가 같이 후 하고 불어 졌다. 그날 남편은 그 어떤 생일보다 즐거워하였다. 그것이 남편의 이생에서의 마지막 생신이었다.

몸이 급격히 쇠약해지면서 결국 강남세브란스병원에 입원하게 되었다. 닷새 입원하여 요양하니 기력이 회복되어 퇴원하였는데, 집에 돌아오자 곧 상태가 나빠졌다. 큰아들은 남편의 병세가 장기화될 것으로 예상하고, 자신이 근무하는 병원에 입원하시게 했다. 그 병원은 아들의 전공인 정신과가 주 진료과목이지만, 내과와 가정의학과 전문의도 있을 뿐아니라, 자신이 옆에서 지속적으로 간병할 수 있기 때문이었다. 평소 남편이, 아들이 일하는 병원에 가 보자고 했던 참이라 소원대로 되었다 싶었다. 입원한 바로 그날 밤인 2009년 6월 24일 새벽 0시가 조금 넘어, 남

남편의 묘비.
남편은 2009년 6월 24일 새벽 조용히 소천하였다. 유해는 충북 음성 대지공원묘원에 안장되었다. 얼마 뒤, 작은아들이 디자인한 멋진 묘비를 세웠다.
거기에 평소 남편의 가족예배 설교 본문으로 삼았던, 시편 1편을 새겨 넣었다.

편은 아들이 일하는 병원에서 조용히 소천하였다.

　남편의 유해는 집에서 가까운 삼성의료원 장례식장에 모셨다. 많은 분들이 조문해 주셨다. 6월 26일 장례식은 교단이 교단장으로 결정하여, 총회장 이용호 목사님이 집례하셨다. 미국서 공부하고 있는 성악가인 외손부가 찬양했다. 평소 남편이 가장 즐겨 부르던 「나 가나안 복지 귀한 성에」와 「나 같은 죄인 살리신」을 아름답게 불렀다. 남편은 선한 싸움을 싸우고, 달려갈 길을 마치고 믿음을 지켰으니, 그 모든 일이 놀라우신 하나님의 은혜였다. 이제, 중한 짐을 벗고, 그토록 소망하던 요단 강 건너 가나안 복지 귀한 성, 생명의 시냇가에서 주님과 함께 거닐고 있으리라 믿는다.

　남편의 유해는 오래 전에 마련해 둔 충북 음성 대지공원묘원에, 강서교회 황신기 목사님의 주례로 가족들과 교우들의 기도와 찬송 속에 안장되었다. 남편을 교회로 인도하였고, 평생 신앙의 선배였던 고 정순종 집사의 딸 정영숙 여사가 자작 찬송시로 찬양 드렸다.

　얼마 뒤 작은아들이 멋진 묘비를 그 앞에 세웠다. 거기엔, 평소 가족예배 때마다 남편의 설교의 성경 본문이었던 "저는 시냇가에 심은 나무가 시절을 쫓아 과실을 맺으며, 그 잎사귀가 마르지 아니함 같으니, 그 행사가 다 형통하리로다(시편 1편 3절)"라는 말씀이 단정히 새겨져 있다.

맺는말

이제, 남편이 없으므로 언약교회에 출석하는 것이 부담이 되던 차에, 아이들 권고로 다시 강서교회에 출석하기로 하였다. 강서교회에 시무할 당시, 내가 전도하여 예수 믿기로 한 분들이 여전히 강서교회에 많이 남아 계시고 해서, 교회에 가면 즐겁다. 모두들 늘 반갑게 맞아 주고, 재미있는 얘기들도 나누는 등 많은 사랑을 받고 있다.

지금, 남편과 같이 살던 집에서 혼자, 기도하며, 성경보고, 방송설교를 들으며 지낸다. 내가 내 몸을 스스로 추스를 수 있을 때까지는 이 집에서 지내려 한다. 주일마다 자식들이 찾아오고, 때마다 불러 주어서 즐겁게 지낸다. 지난 인생을 돌아보면, 눈물이 나기도 한다. 남편 가신 지 일 년밖에 되지 않아, 그런 약한 모습을 보이지 않으려 조심하고 있다. 믿음 가운데, 스스로 위로 받는다.

남편 무덤 옆에 나란히 내가 묻힐 자리가 준비되어 있다. 자주 가 보고 싶지만, 아이들이 데려다 줄 틈이 나야 한다. 나는 평생 가난했던 목사 부모 때문에 고생한 자식들에게 늘 미안하고 고마운 마음을 금할 수 없다. 늙어 자식들에게 큰 폐가 되지 않고, 남편처럼 깨끗이 조용히 하나님의 부르심을 받기 위해 간절히 기도한다.

민영완 목사 연보

1918년 | 1세
6월 16일(음력 5월 2일) 경남 산청군 생초면 대포리에서, 아버지 채호(采鎬)와 어머니 전(全)음전 사이의 구남매 중 넷째아들로 태어났다.

선조 농은 민안부(農隱 閔安富)는 고려 말 예의판서를 지낸 분으로 이성계의 혁명에 반대하여, 두문동(杜門洞)에 들어갔던 칠십이현(賢) 중의 한 사람이다. 남해도로 유배 가던 중 산청 고을 지리산 기슭 한 곳에 자리잡고, 그곳을 한개〔大浦〕라 이름하여 상부에 보고하고 머물러, 이후 자손들은 조선 오백년 두문불출하고 농사지으면서 살았다.

1926년 | 9세
아홉 살(만 여덟 살) 될 때까지 서당과 대포서원(大浦書院)에서 한학을 배우다가, 열 살에 머리 깎고, 이웃 동네 금서면 특골〔特里〕에 있는 금서국민학교(今西國民學校)에 입학하여 육 년간 신학문을 공부하고, 1932년에 졸업하였다.

1935년 | 18세
6월 14일(음력 4월 29일), 변중이(卞增伊)와 결혼하였다. 아내는 경남 창원군 진전면 양촌리에 집성촌을 이룬 초계(草溪) 변(卞) 씨 가문의 규수로, 시조 문열공 정실(文烈公 庭實)의 이십구세손 의섭(義燮)의 맏딸이다.

처조부 상용(相瑢)은 학문을 중히 여기고, 근검치가로 가재를 쌓아 천석(千石)을 자수성가했고, 장인 의섭(義燮)은 경성제일고보를 졸업하고 귀향하여, 사립학교인 양촌학교를 설립하여 개화운동에 앞장선 분이다.

결혼하던 해 추석을 기하여, 둘째형님과 같이 함양읍에 포목상 호신상회(互信商會)를 개업하고 경영하였다. 그러나 둘째형님이 급서(急逝)하여, 일본에 유학 중인 셋째형님을 귀국하게 하여 사업을 계속하였고, 크게 번창하였다.

결혼하고 사업을 시작한 그해 겨울, 함양교회(咸陽教會)의 정순종(鄭淳宗) 집사로부터 전도를 받아 예수를 믿게 되었고, 마음과 정성을 다하여 함양교회를 섬겼다. 그때부터 정순종 집사는 평생 신앙의 동지로서, 친구로서 지내게 된다. 함양교회에서 설교한 조경우(曺景佑) 집사, 호주선교회 순회전도사 강주선(姜周善) 전도사, 함양교회 첫 교역자 이성옥(李成玉) 전도사 등으로부터 처음 신앙에 큰 영향을 받았다.

1938년 | 21세

호황을 누리던 호신상회를 접고, 그렇게도 열망하던 공부를 위해 3월 29일 일본 도쿄로 유학 길에 올랐다. 낮에는 연수학관(研修學館)에서, 밤에는 세이소쿠상업학교(正則商業學校)에서 공부하여 1940년 3월 졸업함으로써 신학교 입학할 자격을 얻었다.

도쿄에 머무는 동안, 처음엔 시나가와교회(品川教會)에서, 다음엔 조선인 도쿄 유학생이 모여들던 도쿄조선중앙교회에 출석하여 헌신하였다.

9월 9일, 조선예수교 장로회 제37회 총회에서 친일파 목사와 장로들로 구성된 총대들이 신사참배를 결의하고, 총회 후 김길창 부회장이 각 노회장들과 함께 총회를 대표해서 평양신사에 참배하였다. 이날은 한국 교회 역사에서 가장 치욕적인 날로 기록된다.

1940년 | 23세

3월 고베(神戶) 간사이성서신학교(關西聖書神學校)에 입학하였다. 이 신학교는 영국 선교사 백스턴과 윌콕스가 설립한 신학교로서, 청교도적, 보수적, 금욕적, 그리고 성경중심적인 학풍을 가지고 있었다. 여기서 교장 사와무라 고로(澤村五郎) 선생, 고지마 이스케(五島伊助) 선생, 오에(大江) 선생으로부터 엄격하고 철저한 교육을 받았다. 이 학교에는 당시 다수의 조선인 학생들이 있었다. 송일태, 조경우, 이경재, 박경용, 윤남하, 이준묵 등이 그들이다.

고베에 머문 삼 년 동안 오하시한인교회(大橋韓人教會)에 출석하여 봉사하였고, 방학이면 귀국하여 함양교회뿐 아니라, 산청, 진주, 마산 등지를 순회하며 집회를 인도하였다.

이 해 1월경부터는 주남선 목사, 한상동 목사, 이인재 전도사 등이 경남지역 교회를 순회하면서 신사참배 반대운동을 주도했고, 이로 인해 검거되어 옥고를 치르다가 해방과 더불어 1945년 8월 17일 석방되었다.

1941년 | 24세

12월 27일 주일, 동기방학 중 귀국하여 정순종 집사의 요청에 응해 사근교회(沙斤敎會)에서의 집회를 마치는 날, 함안경찰서에 연행되어 유치장에서 삼 개월간 옥고를 겪었다.

1943년 | 26세

3월 9일, 간사이성서신학교를 졸업하였다. 이 학교에서 삼 년 동안 영적이고 보수적인 교과과목, 엄격한 청교도적 기숙사 생활, 기도회, 간증, 노방전도, 교회봉사 등 신학교육과 목회훈련을 받아 온전히 영적으로 거듭나고 성장했다.

4월 인동교회(仁洞敎會)에서 첫 목회를 시작하였다. 졸업 즈음, 조경우 목사로부터 소개받은 인동교회는 경주군 강동면 인동리에 이성애 장로의 대소 가족이 중심이 되어 개척한 교회였고, 인근에 안강교회(조선출 목사 시무), 불국사교회(김정준 목사 시무)가 있었다.

조선예수교장로회 총회가 이 해 5월 5일에 해산되었다. 성결교, 침례교, 안식교 등도 폐지당하면서, 한국 교회는 일본기독교단으로 통칭된 단체로 통합되었다.

1944년 | 27세

일제의 진주만 공격으로 발발한 태평양전쟁이 막바지에 이르면서, 일제의 압제, 특히 교회 탄압은 점점 그 도가 심해졌다. 이로 인해 심신 모두의 건강이 극도로 악화되어 인동교회를 사면하고, 안강교회(安康敎會) 조선출 목사의 목회를 돕다가, 다시 마산으로 이사하여 당분간 칩거하기로 하였다.

안강에 머무는 동안 1월 1일 큰아들 성길(聖吉)이 태어났다.

1945년 | 28세

미군의 폭격이 심해지면서, 처가 양촌으로 다시 이사하여 칩거하던 중 8월 15일 해방을 맞았다.

해방이 되자마자, 정순종 집사의 강권으로 사근교회(沙斤敎會)에서 시무하였다.

1946년 | 29세

신신학(新神學)과 고등비평을 가르치고, 성경오류설을 주장하는 조선신학교에 맞서, 보수주의 정통신학의 평양신학교의 정신과 신학을 계승하기 위한 신학교의 설립이 절실한 상황에서, 주남선 목사, 한상동 목사 등이 주도하여 고려신학교가 설립되었다.

사근교회가 부흥되고 안정되어, 6월 안의교회(安義敎會)로 옮겼다. 안의교회는 호주 선교사(심익순 목사)가 시작한 전형적인 교회로, 서부경남 지역에서 가장 먼저 세워진 교회였다.

10월 21일 작은아들 현식(賢植)이 태어났다.

1948년 | 31세

강도사(講道師) 시취 응시자격을 얻기 위해 고려신학교에 일 년 청강하면서, 주남선 목사와 박윤선 목사로부터 정통보수주의 칼빈주의 신학을 더욱 심도 있게 수학하였으며, 더불어 신앙노선에 크게 영향 받았다.

7월, 안의교회를 사임하고, 신학교 인근의 구포교회(龜浦敎會)에 부임하였다.

10월 강도사 시험에 합격하였으나, 신앙노선의 갈등으로 구포교회에서 목사안수는 받지 못했고, 결국 구포교회는 두 갈래로 나누어지게 되어 더 이상 시무할 수 없게 되었다.

8월 13일 딸 성희(聖姬)가 태어났다.

1950년 | 33세

6월 10일, 김해교회(金海敎會)에 부임하였다. 당시 김해교회는 총회파와 고려파 간의 분규가 극심하였다. 이러한 양상은 김해교회뿐 아니라, 이 지방의 대부분의 교회에서도 교권쟁탈의 분규가 일어나고 있었다.

6월 25일, 부임한 후 두번째 주일, 육이오동란이 발발하였다. 많은 피란민들이 모여들어, 교회는 넘치게 되고, 예배 때마다 은혜가 넘쳤다.

1951년 | 34세

육이오동란의 와중에서 고려파 진리운동을 겪으며, 김해교회를 비롯한 교회들의 분규는 날로 심해졌다. 고심 끝에 김해교회에서 빈손 들고 물러나와, 10월 첫 주일, 동행을 결심한 백이십 명의 신도들과 함께 김해중앙교회(金海中央教會)를 개척하였다.

1952년 | 35세

김해중앙교회의 교회당을 신축하고, 입당하였다.

1953년 | 36세

10월, 김해중앙교회를 사면하고, 신마산교회(新馬山教會)에 부임하였다. 신마산교회는 해방직후 김재규 목사가 개척하였으나, 분규가 심해지면서 고신(高神) 측 교인들이 분리해 나와 세운 교회로, 개척 상태에 있던 미조직 교회였다.

1955년 | 38세

신마산교회가 날로 부흥하여, 교회당 건축을 시작하였다. 모든 교인들의 피땀을 모아 정성을 다하여 착공한 지 삼 년 만에 아름다운 석조건물로 준공하였다.

1958년 | 41세

고신교단은 일제강점기 때의 신사참배 문제가 계기가 되어, 해방 후 경남지방에서 일어난 진리운동으로 형성된 교단이다. 고려신학교를 중심으로 부산에서 발족한 교단이기 때문에, 소속 교회들이 부산, 경남, 경북 지역에 집중되어 있었다. 지역적 한계를 넘어, 전국적 교단으로 발전을 기하기 위해 중앙에 진출하는 꿈을 안고 기도하는 중, 서울중앙교회의 윤봉기 목사의 소개로 신마산교회를 사임하고 3월 서울 서문교회(西門教會)에 부임하였다. 서문교회는 땅을 빌려 천막을 치고 돗자리를 깐 초라한 교회였다.

1965년 | 48세

갖은 수모와 비난 속에 눈물과 피땀으로 서문교회의 교회당을 신축하여, 크리스마스에 입당하였다.

1966년 | 49세

고려신학교 서울 유치를 위한 기초작업으로 고려신학교 서울분교 추진위원회를 조직하여 위원장을 맡았고, 1967년 분교 설립과 동시에 분교장 대리를 맡았으며, 1969년 서울 고려신학교로 개칭되면서 초대 교장에 취임하였다.

1967년 | 50세

총회 교육부장으로 팔 년간(1967-1975) 봉사하였다. 홍반식, 이근삼, 오병세, 심군식, 윤종하, 최해일, 이만열, 도군삼 등 십이 인의 교육위원을 이끌면서, 고신 교단의 개혁주의 교육이념과 교육목적을 정립하고, 교단의 숙원이었던 주일학교 유년부 공과 학생용 여섯 권과 교사용 여섯 권, 중고등부 공과 세 권을 편찬하였으며, 어린이 새찬송가의 발간을 위한 작업도 착수하였다.

1968년 | 51세

일부 교인들의 배척으로 서문교회를 사면하고, 12월 15일 주일, 신촌역 앞에서 신촌교회(新村敎會)를 개척, 발족하였다. 교회는 날로 성장하여 서강지역으로 자리를 옮기면서 강서교회(江西敎會)로 개칭하였으며, 두 차례 교회당 건축, 탄탄한 교회조직과 부흥 등 강서교회는 지속적으로 발전하였다.

1975년 | 58세

대한예수교장로회(고신) 제25대 총회장에 취임하였다. 교단의 대내외활동의 창구를 일원화하기 위해 총회 사무실을 서울에 설치하고, 총무를 겸임하였다. 총회장 및 총무의 이름으로 십칠 개 교단 지도자협의회에 위원이 된 후, 찬송가 통일을 제안하였고, 이를 위한 팔인위원회의 일원으로 참여하여 팔 년의 각고 끝에, 1983년 통일된 『찬송가』가 출판되었다. 보수교단 지도자협의회 위원장, 치안본부 경목중앙위원회 위원장 등을 역임하였다.

1987년 | 70세
평신도가 쉽게 읽을 수 있는 평신도를 위한 성경강해서 집필을 시작하여, 『아가서 강해』와 『창세기 강해』를 출간하였다.

1988년 | 71세
이십 년간 봉직한 강서교회에서 은퇴하였고, 강서교회 원로목사로 추대되었다.

1989년 | 72세
회고록 『때를 따라 도우시는 은혜』를 출간하였다. 이어 『에스라 느헤미아 에스더 강해』, 『예수전』, 『사도행전 강해』, 『사복음서 강해』, 『히브리서 야고보서 강해』, 『갈라디아서 에베소서 빌레몬서 강해』, 『빌립보서 골로새서 강해』, 『디모데전후서 디도서 강해』, 『요한 계시록 강해』 등 일련의 평신도를 위한 성경강해서를 출간하였고, 두 권의 설교집 『가시는 아프게만 하는가』(심방설교/주제설교)와 『전에 행하던 대로』(절기설교/헌신설교)를 출간하였다.

2009년 | 92세
은퇴 후에도 교회와 교단을 위하여 활발하게 봉사하였고, 2009년 6월 24일 만 구십일기로 소천 하였다. 6월 26일 장례는 총회장으로 엄수되었고, 충북 음성 대지공원묘원에 안장되었다.

閔泳完 回顧錄

때를 따라 도우시는 은혜

초판 1쇄 발행 2010년 6월 24일 | 발행인 李起雄 | 발행처 열화당
경기도 파주시 교하읍 문발리 520-10 파주출판도시, 전화 031-955-7000, 팩시밀리 031-955-7010
www.youlhwadang.co.kr yhdp@youlhwadang.co.kr
등록번호 제10-74호 | 등록일자 1971년 7월 2일
편집 백태남 이수정 | 북디자인 공미경 이민영 | 인쇄 제책 (주)상지사피앤비

* '열화당 영혼도서관'은 영원(靈源)의 세계를 향한 인간의 진실한 기록입니다.
* 값은 뒷날개에 있습니다.

Published by Youlhwadang Publishers.   Printed in Korea.
ⓒ 2010 Min Young-Wan

ISBN 978-89-301-0376-3

이 도서의 국립중앙도서관 출판시도서목록(CIP)은 e-CIP 홈페이지(http://www.nl.go.kr/ecip)에서 이용하실 수 있습니다. (CIP제어번호: 2010002200)